Günther Sator

Feng Shui am Arbeitsplatz

Günther Sator

Feng Shui am Arbeitsplatz

SIGNUM

Die Deutsche Bibliothek - CIP-Einheitsaufnahme
Sator, Günther:
Feng Shui am Arbeitsplatz / Günther Sator. -
Wien, Hamburg : Signum-Verl., 1999
ISBN 3-85436-302-8

Titel der Originalausgabe: Feng Shui – Die verborgene Kraft des Arbeitsplatzes

A-1080 Wien, Albertgasse 33
Tel.: +43/1/406 50 33-0
Fax: +43/1/406 50 33-12
E-Mail: contact.us@signum.at
Website: http://www.signum.at
Deutsche Niederlassung:
D-20355 Hamburg, Kaiser-Wilhelm-Straße 93
Tel.: +49/40/35 006-850
Fax: +49/40/35 006-800
E-Mail: signum@westerwelle.de
Website: http://www.westerwelle.de/signum

Coverfoto: © Mit freundlicher Genehmigung von Petra Spiola,
A-1180 Wien, Schulgasse 68/21
Sämtliche Grafiken ohne ©-Vermerk: W.M. Pühringer
Lithos: Reprozwölf Spannbauer Ges.m.b.H. & Co.KG,
A-1120 Wien, Karl-Löwe-Gasse 14
Druck: Landesverlag Druckservice Ges.m.b.H. & Co.KG,
A-4010 Linz, Hafenstraße 1–3
Chi-Zeichen: Nashira, Ricki & Csaba Janos,
A-1030 Wien, Sünnhof 6, Landstraßer Hauptstraße 28

ISBN 3-85436-302-8

Wien • Hamburg 1999

Inhalt

Vorwort von Helmut Weyh 9

1. Der Arbeitsplatz als Spiegel der Persönlichkeit – eine Einführung . . . 11
Alles ist Energie 14
Feng Shui am Arbeitsplatz 15
Die Harmonie von Yin & Yang 17
Die ideale Umgebung 18

2. Ihr Arbeitsplatz – eine Quelle des Chi? . . 21
Das Bagua – ein Röntgenbild von Räumen 22
Die Bedeutung der Bagua-Zonen 25
Die Anwendung des Bagua in der Praxis 39
Die Einsatzbereiche des Bagua 43

Feng-Shui-Hilfsmittel für Ihren Erfolg 46
Wasser 46
Licht 46
Farben 47
Möbelanordnung 49
Spiegel 50
Klang & Musik 52
DNS-Spirale 53
Pflanzen 53
Bilder & Kunst 54
Raumteilungen 55
Weitere Hilfsmittel 57
Der Powerspot 58
Der ideale Chefplatz 59
Schreibtisch-Feng-Shui 60
Ihre vier Richtungen zum Erfolg 71
Jeder Mensch ist anders 71
Sitzen, arbeiten und lernen Sie richtig? 79

3. Die Wirkung des Chi im Büro 81
Das Chi der Zufahrtsstraßen 82
Zirkulierende Energie 82
Auswahl und Gestaltung der Räume 83
Die Problematik von Großraumbüros 94
Feng Shui zwischen den Etagen 96
Yin & Yang in Räumen 97
Das richtige Maß 98
Der Goldene Schnitt 99
Die Feng-Shui-Maße richtig anwenden ... 100
Mit Maß zum Ziel 102
Farben-Feng-Shui 103
Die Wirkung von Farben 103
Eine westliche Betrachtung der Farben ... 105
Saftiges Grün im Büro 105

4. Die Fünf Elemente 107
Es begann mit dem Umzug 108
Der Fünf-Elemente-Zyklus 109
Die Formen der Elemente 109
Die Elemente in Ihrem Umfeld 111
Welches Element entspricht Ihrem Beruf? .. 112
Richtig planen 112
Elemente harmonisch kombinieren 113
Die richtige Innenraumgestaltung 113

5. Geschäft & Laden 115

Der erste Eindruck 116

Das äußere Erscheinungsbild 116

Der Erfolgs-Eingang 117

Der Empfangsbereich 122

Der Erfolgsstandort 124

Branchenabhängige Erfolgskriterien 124

Restaurants 125

Friseursalons 126

(Zahn-)Arztpraxen 127

Seminarzentren 127

Einzelhandelsgeschäfte 128

Die Bank der Zukunft 131

6. Im Mittelpunkt der Mensch 133

Steht der Mensch im Mittelpunkt? 134

Auf der Suche 134

Worauf es ankommt 134

Was Ihr Verhalten über Sie aussagt 136

Sinn und Unsinn von Ordnung 142

Besser heute als morgen 143

Das atmende Büro 144

Der Arbeitsplatz auf Rollen 144

Ein beweglicher Geist in einem beweglichen Körper 145

Soft Facts am Arbeitsplatz 147

Informationsquelle Beziehungen 147

Lachen als Erfolgsgeheimnis 149

Positives Feng-Shui-Denken 149

7. Anhang 151
Danksagungen 151
Der Autor 151
Adressen 151
Weiterführende Literatur 152
Auflösung Bagua-Übung 152
Glossar 153
Index 153

Vorwort

Wenn du kein Lächeln auf den Lippen hast, brauchst du an diesem Tag deinen Laden erst gar nicht aufzumachen.

chinesisches Sprichwort

Ideen bewegen die Welt, Kraft und Begeisterung entstehen aus der Begeisterung für eine Idee. Doch wo entstehen Ideen?
Kreativität und Erfolg kommen nicht von ungefähr. Am allerwenigsten entstehen sie allerdings in einem farblosen Großraumbüro mit Blick auf kahle Mauern.
Immer mehr Menschen verbringen immer mehr Zeit ihres Lebens am Arbeitsplatz. Warum sollte dieser Ort nicht auch **schön** sein? Dabei handelt es sich hier um eine Investition, die sich durchaus rechnet: Sie gehen gerne zur Arbeit und freuen sich jedesmal wieder, wenn Sie morgens ins Büro kommen.
Das Leben ist schön, Sie lieben Ihren Beruf, Sie fühlen sich wohl in Ihrem Umfeld – doch wie steht es mit dem Streß? Falsche Farben, eine ungünstige Anordnung der Möbel, Lärm oder schlechtes Betriebsklima können Leistung, Lebensfreude und Gesundheit negativ beeinflussen. Es geht um die Balance von Geist, Seele und Körper. Es geht um Sie!
Streß erzeugt Beta-Schwingung im Gehirn. Ein Zuviel von dieser Schwingung reduziert Ihre Motivation und Leistungsfähigkeit und macht auf Dauer krank.
In einem förderlichen Umfeld hingegen gedeihen Ideen, arbeiten die Menschen **miteinander** und fühlen sich geborgen. Dies motiviert nachhaltiger als alle Incentives und Belohnungssysteme der Welt. Die Farbe Gelb beispielsweise fördert die Kreativität. Mit einem Schuß Rot gemischt, regt Gelb den Sympathikusnerv und damit den Kreislauf an und sorgt für Wachheit und Aufmerksamkeit. Der Geist ist offen für Neues. Und nur wer offen ist für Neues und sich rechtzeitig Zusammenhänge und Hintergründe bewußtmacht, kann ein gesundes Fundament für seine persönliche und berufliche Gegenwart und Zukunft schaffen.
Bitte bedenken Sie: Alles, was Ihnen guttut, verändert auch Ihre Ausstrahlung. Diese wiederum bewirkt eine positive Veränderung Ihres Umfeldes – und was kommt zurück? Ich wünsche Ihnen gutes Gelingen mit Feng Shui!

Helmut Weyh, Worpswede,
Seminarleiter, Autor und
ganzheitlicher Unternehmensberater
u. a. von Philips, City Bank,
Mercedes-Benz und Walt Disney.

Verlag und Autor danken
Herrn Weyh für seinen Beitrag
zum Thema Farbe
auf Seite 103 ff.

Wie im Grossen,
so im Kleinen,
wie oben, so unten,
wie innen, so aussen.
hermetisches Prinzip

© Buenos Dias

1 Der Arbeitsplatz als Spiegel der Persönlichkeit – eine Einführung

1 Der Arbeitsplatz als Spiegel der Persönlichkeit – eine Einführung

Auch eine Reise von 10.000 Meilen beginnt mit dem ersten Schritt.
chinesisches Sprichwort

Jeder einzelne von uns ist durch sein Umfeld wesentlich stärker geprägt, als er jemals glauben würde. Diese Erkenntnis sickert erst nach und nach, mit viel zu großer Verzögerung, in unser Bewußtsein. Zwar klagen immer mehr Menschen, daß sich „etwas ändern müsse", doch konkret weiß niemand, was denn schiefläuft. Obwohl schwer greifbar und schon gar nicht in harte Fakten faßbar, breitet sich zusehends ein Unbehagen über die Art, wie wir heute leben und arbeiten, aus.
Es begann in den siebziger Jahren und setzte sich in den Achtzigern mit Vehemenz fort: Die Umweltbewegung entstand und mit ihr die Sorge über die zunehmende Verschmutzung unseres Lebensraumes Erde. Die diesbezüglichen Informationen haben viele aus der „Heile-Welt-Illusion" wachgerüttelt, und so hat man dann brav seine Lektion gelernt: **Bio** ist seit damals ein Synonym für gesund, wenn auch teurer, **wasserlöslich** ist zum Dogma für Umweltschützer geworden, und **FCKW-frei** ist überhaupt das absolute Nonplusultra.
Wenn diese Bestrebungen auch so manche guten Ergebnisse erzielt haben, hat sich doch das Alltagsinteresse längst wieder anderen Themen zugewandt. Übriggeblieben sind Müsli, Ökotourismus und Biobett – zumindest gehört hat jeder schon einmal von diesen Dingen. Was jedoch auch blieb, ist der schale Beigeschmack, ob dies wirklich alles gewesen ist.

Immer mehr Menschen sind auf der Suche nach einer neuen Form praktischer Lebenshilfe. So entstand im Schatten von Psychoboom und Alternativkost etwa ein neues Bewußtsein für die Werte der Vergangenheit. War es noch vor einigen Jahren modern gewesen, den alten Kern einer Stadt gnadenlos den Baumaschinen zu opfern, wäre dies heute völlig undenkbar. Alt ist zum Synonym für interessant geworden. In der perfekten Welt der Geradlinigkeit und Machbarkeit gilt das Unperfekte und Simple als Balsam für die Seele. Und in vielem von uns lange naserümpfend als primitiv Verachteten entdecken wir heute mit Erstaunen eine tiefe Weisheit.
Auch mir ist es nicht anders ergangen. Ursprünglich arbeitete ich als Maschinenbautechniker. Doch eine lange Krankheit wirbelte meine heile Ordnung bald gehörig durcheinander. Darauf folgten Auslandsaufenthalte, durch die mein Weltbild neu strukturiert wurde. Wie es der „Zufall" wollte, sollte ich schon bald Bekanntschaft mit einem sehr speziellen Aspekt des „alten" Wissens machen, mit der **Geomantie**. Geomantie ist die „Lehre vom richtigen Platz" und vermittelt, wie wir Menschen am besten mit unserem Umfeld in Harmonie leben können. Wie wichtig dies ist, sollte ich erst schrittweise begreifen, so neu war mir der Gedanke zunächst.
Ich entdeckte, daß die Naturvölker ein traditionell überliefertes Wissen entwickelt hatten, das ihnen half, klimatische und landschaftliche Gegebenheiten, Bodenver-

hältnisse, Baustil, Ausrichtung des Hauses, Materialien und Einrichtung – um nur einige Beispiele zu nennen – bestmöglich zu kombinieren. Es muß einen tieferen Grund haben, daß Urvölker ihre Dörfer in ganz speziellen For-

Unsere Vorfahren betrachteten die Natur als ihren Lehrmeister – die Runen sind nicht nur die Basis unseres Alphabetes, sie haben auch eine starke energetische Symbolik.

men angelegt und die Nahrungsvorräte jeweils in einem eigenen Abschnitt gelagert haben und daß die Versammlungen des Ältestenrates wiederum an einem anderen Ort stattfanden. Und natürlich mußte ausreichend sauberes Wasser vorhanden sein und das Bedürfnis nach Schutz befriedigt werden – die Beschreibung ließe sich beliebig lange fortsetzen.

Aber auch bei uns in der westlichen Welt entwickelte sich ein interessanter Erfahrungsschatz. Es gilt mittlerweile als bewiesen, daß alle großen Bauwerke der alten Meister nach geomantischem Wissen errichtet wurden. Neben der optimalen Standortwahl wurden auch die Gebäudeform und die innere Raumaufteilung genauestens beachtet. Nichts war bei Kathedralen, Klöstern, Burgen, Schlössern, Herrschafts- oder Regierungssitzen ohne symbolischen und energetischen Hintergrund geplant. Die Bauhütten dokumentierten dieses hochkarätige westliche Kulturgut absichtlich nur sehr schlecht, deshalb ist es praktisch unmöglich, die Mysterien der großen Bauwerke zu lüften. Die Kathedrale von Chartres, der Kölner Dom und viele andere steinerne Zeitzeugen warten noch heute auf ihre Entschlüsselung.

Viel Wissen, wenn auch ganz anderer Natur, entwickelte sich parallel dazu im ländlichen Bereich. Bauernhausstile – je nach Region unterschiedlich – sind ebenfalls nicht zufällig entstanden. Unsere Vorfahren wußten aus ihren Beobachtungen, wie sich die subtilen, allgegenwärtigen Naturkräfte auswirken können, und waren daher höchst bemüht um einen sensiblen Umgang mit ihrem Umfeld.

Wer gegen die Naturgesetze verstößt, erleidet Unglück – ein Phänomen, das sich nie überholt hat und das immer häufiger auch an modernen Gebäuden zutage tritt. Viele der heute errichteten Wohn- und Arbeitsstätten können beim besten Willen nicht als für die Menschen förderlich bezeichnet werden. Statt dessen beeinflussen sie das Schicksal der darin wohnenden oder arbeitenden Menschen in extrem negativer Weise.

Selbst wenn sich die gesellschaftlichen, politischen, technischen, medizinischen und wirtschaftlichen Vorzeichen seit dem oben erwähnten Zeitalter drastisch verändert haben, gilt heute wie damals: Ein disharmonisches Umfeld erzeugt Disharmonie, ein unruhiges Ambiente löst Streß aus. Ein stimmiges und nach harmonischen Prinzipien errichtetes Wohn- und Arbeitsumfeld aber kann den Menschen und seine Arbeit förderlich beeinflussen. Der Arbeitsplatz ist für Millionen von Menschen der wichtigste und intensivst genutzte Bereich, viele verbringen mehr Zeit am Schreibtisch als mit ihrem Partner.

© Petra Spiola

Schlösser, Herrschaftssitze und Kathedralen wurden schon immer nach speziellen Kriterien errichtet. Auch dieser moderne Firmensitz orientiert sich an klassischen Vorgängern.

Alles ist Energie

Physikalisch betrachtet ist alles, was uns umgibt, Energie. Das sagte schon der große griechische Philosoph Heraklit: Pantha rei – alles fließt.

Energie kann niemals statisch sein, sie ist Ausdruck und Träger universeller Lebensprinzipien. Das ist der Grund dafür, daß sich alles in dauernder Veränderung befindet – oder kennen Sie etwas in der Natur, das morgen gleich ist wie heute?

(Anmerkung: Nur wir Menschen versuchen durch die Art, wie wir Unternehmen aufbauen, Organisationen schaffen oder Arbeitsplätze gestalten, diesen natürlichen Veränderungsprozeß zu stoppen).

Wenn nun das Umfeld als **Energie**umfeld bezeichnet werden kann, dann müssen wir konsequenterweise auch jeden Menschen als **Energie**wesen betrachten. Da aber Energie nichts klar Abgrenzbares ist (sie ist ja in allem vorhanden), herrscht überall um uns eine permanente, sich selbst und alles andere beeinflussende Durchdringung und Interaktion: Alles ist miteinander verbunden. Nichts um uns herum läßt uns völlig unberührt, alles beeinflußt uns, ob wir wollen oder nicht. Der Grad der Beeinflussung wird von uns selbstverständlich mitbestimmt. Ob uns der lärmende Nachbar im konzentrierten Arbeiten stört oder zu künstlerischen Meisterwerken inspiriert, hängt von den Umständen ab – die Tatsache des Lärms aber läßt sich nicht wegdiskutieren. (Häufig behaupten Leute mir gegenüber, sie würden den vorbeiratternden Zug, die klappernde Klimaanlage oder die quietschenden Türscharniere längst nicht mehr hören. Das kann durchaus stimmen, ein Teil ihrer Persönlichkeit hat sich aus Selbstschutz dafür taub gemacht, aber die Wirkung, der störende Einfluß, ist unweigerlich vorhanden. Ärzte, Psychologen und Psychotherapeuten bestätigen diese Tatsache.)

Feng Shui am Arbeitsplatz

Energieflüsse (Chi, ausgesprochen Tschi) und ihre Wirkungen sind die Basis von Feng Shui. Chi durchpulst alles, was uns umgibt – sichtbar wie unsichtbar. Menschen, Luft, Berge, Pflanzen, Häuser und Möbel – sie alle sind Ausdruck dieser universellen Lebenskraft. Freie Energiezirkulation schafft Harmonie. Jede Form von Blockade aber erzeugt Probleme. Energie will fließen wie ein natürlicher kleiner Bach, der sich seinen Weg durch die Landschaft bahnt.

Auch unsere Gebäude und Büroräumlichkeiten sollten einen freien Chi-Strom ermöglichen. Feng Shui unterstützt und fördert diese optimalen Energieflüsse. Es stellt fest, wie ein bestimmtes Umfeld auf den Firmenerfolg Einfluß nehmen kann, es hilft, aus jeder Situation das Bestmögliche zu machen, und zwar für alle Beteiligten: Unternehmer, Angestellte, Kunden, Lieferanten, Umwelt und so weiter. Feng Shui ist eine ganzheitliche Methode (so abgegriffen dieser Begriff auch klingen mag), die die naheliegenden Energieflüsse genauso betrachtet wie die subtilen, nicht meßbaren, unsichtbaren.

Kennen Sie die vertrackten Geschäftsläden, in denen einfach nichts Erfolg haben will?

Die grosse Welt spiegelt sich im Kleinsten. Wer klein genug ist, kann im Tautropfen baden.

chinesisches Sprichwort

1 Der Arbeitsplatz als Spiegel der Persönlichkeit – eine Einführung

Kennen Sie Büroräumlichkeiten, in denen partout keine Kreativität aufkommen will? Warum ist das so? Richtig! So scheinbar banale Dinge wie die Drehung Ihres Schreibtisches können Ihre Arbeitsleistung beeinflussen. Und wie funktioniert das? Feng Shui, die Lehre von Wind und Wasser, existiert in Asien bereits seit ungefähr 5.000 Jahren und wird nun auch im Westen äußerst erfolgreich eingesetzt. Mit Feng Shui lassen sich Arbeitsplätze gestalten, neue Geschäftslokale oder Büros finden, Erfolgs-Logos entwickeln, und selbst Hochhäuser werden nach diesem alten chinesischen Prinzip gebaut.

© EMCO InnovationsCenter

Ein Firmengebäude sollte möglichst positiv auffallen.

Die hier vorgestellten Methoden werden Ihnen helfen, auf einfache und kostengünstige Art mehr aus Ihrem Arbeitsumfeld – und somit aus Ihrem Leben – zu machen. Denn wie ich bereits früher erwähnte: Das Umfeld beeinflußt Sie mehr, als Sie es für möglich halten, Sie **werden** zu Ihrem Umfeld. „Zeigen Sie mir Ihre Wohnung, und ich sage Ihnen, wer Sie sind“ kann abgewandelt werden zu **„Zeigen Sie mir Ihren Arbeitsplatz, und ich sage Ihnen nicht nur, wer Sie sind, sondern auch, wie Ihr berufliches und persönliches Schicksal sich entwickeln wird.“** Denn wie in einem Spiegel finden sich Ihre Leistungskraft, Ihre Beziehungsfähigkeit, Ihr finanzielles Geschick und vieles andere mehr in Ihrem Wohn- wie auch im Arbeitsbereich wieder. Nutzen Sie daher die Chance, durch bewußte Gestaltung Ihrer Arbeitsräume auch Ihr Wohlbefinden zu verbessern.

Feng Shui, die uralte chinesische Lehre vom Leben und Arbeiten in Harmonie, bietet eine Fülle von „Werkzeugen“, mit denen Sie auf einfache Weise Einfluß auf Ihre Arbeitsplatz-Qualität nehmen können. In diesem Buch finden Sie eine Vielzahl von praktischen Tips, die Ihnen helfen werden, auf für westlichen Geschmack ästhetische Art die Problemstellungen Ihres Arbeitsplatzes zu lösen und ein energiereiches, inspirierendes Umfeld zu schaffen.

Das Buch ist leicht zu handhaben: Angenommen, Sie möchten die Schreibtische neu arrangieren, so finden Sie Rat ab Seite 58; wenn Sie neue Farben für Ihr Büro suchen, gibt es Tips ab Seite 47, und wenn Sie einem beruflich aktuellen Thema wie Mobbing nachgehen wollen, lesen Sie bitte die Anregungen ab Seite 91. Wenn Sie einfach Ihre persönlichen Kraftrichtungen für erfolgreiches Arbeiten finden wollen, sollten Sie sich auf Seite 71 ff. umsehen – und auf der Rückseite der Buchverpackung. Unabhängig davon, was Sie suchen – die verschiedenen Kapitel werden Ihnen helfen, schnell und effizient die gewünschten Details zu finden, um anschließend gleich zur Tat schreiten zu können. Viel Erfolg und gutes Gelingen!

Die Harmonie von Yin & Yang

Eine der Grundlagen von Feng Shui ist Harmonie und Balance – ausgedrückt durch die Beziehung der beiden gegensätzlichen Kräfte Yin und Yang. Gemäß dieser Philosophie ist alles, was uns im Universum umgibt, Ausdruck der weiblichen Yin- und der männlichen Yang-Energien. Gemeinsam ergeben Yin und Yang die Einheit des Universums, also auch von Himmel und Erde. Dabei wird der Mensch als Mittler zwischen diesen beiden Welten gesehen, der sich ausgehend von einer starken Erdverbundenheit auch höheren Zielen zuwenden soll. Gewissermaßen schaffen wir Menschen durch unser Handeln laufend einen lebendigen Ausgleich zwischen Yin und Yang.

Ohne das eine kann das andere nicht existieren, jede Kraft braucht ihr Gegenteil. Ohne die Dunkelheit (Yin) gäbe es keine Helligkeit (Yang), und die Wärme (Yang) existiert nur, weil es auch die Kälte (Yin) gibt – und umgekehrt. Solange sich die Gegensätze in Balance halten, herrscht Gesundheit, Wohlstand, Glück und allgemeines Wohlergehen. Deshalb beinhaltet eine Feng-Shui-Analyse immer auch eine Betrachtung nach Yin und Yang. Analysiert werden die Landschaftsform, die Struktur eines Gebäudes, Helligkeit oder Dunkelheit des Raumes, strahlende oder blasse Farben, Feuchtigkeit oder Trockenheit und Wasser oder feste Materie.

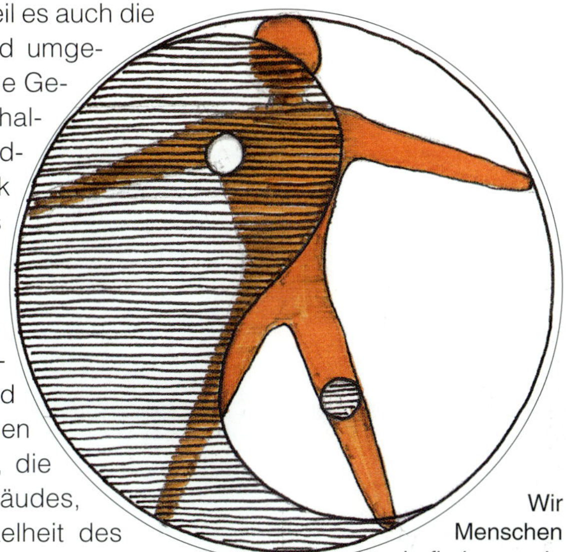

Wir Menschen befinden uns in einem ständigen Prozeß des Ausgleichs von weiblichen Yin- und männlichen Yang-Kräften.

Ein Zuviel an Yin in Räumen reduziert die Lebensenergie, was wiederum zu Mangel – meist im finanziellen Bereich wegen der fehlenden Yang-Materialisierungskraft – führt. Wenn hingegen zuviel Yang-Energie herrscht, kann dies wegen Überladung zu Verletzungen und massiven Verlusten führen. Nur jene Räume, Geschäfte und Firmenareale, die ein ausgewogenes Verhältnis von Yin und Yang aufweisen, werden längerfristig eine glückliche Entwicklung nehmen. Gesteigert wird dieses Potential, wenn auch das Umfeld nach Yin und Yang ausgewogen ist. (Auf Seite 97 ff. erfahren Sie, wie Sie ein Yin-Yang-Ungleichgewicht ausbalancieren können.)

Die ideale Umgebung

Am Anfang aller Feng-Shui-Betrachtungen steht die Topographie des Umlandes. In einer ländlichen Umgebung betrifft dies Berge und Hügel, das flache Land, Flüsse, Seen und alle anderen natürlichen Landschaftsmerkmale. Im städtischen Umfeld geht es hierbei um die von Menschen geschaffenen Strukturen: Häuser ersetzen Berge, während Straßen mit Flüssen und Wasserwegen gleichzusetzen sind.

Als besonders stabilitätsfördernd, glückverheißend und energiereich gelten jene Standorte, die wie ein Lehnstuhl an drei Seiten mit schützenden Landschaftsmerkmalen umgeben sind: an der Rückseite die „Schildkröte", die den Rücken freihält, und der „Drache" und der „Tiger" an den Seiten; nach vorne eine wunderschöne Aussicht. Gut wäre in einiger Entfernung eine kleinere Erhebung – der „Phönix" oder Fußschemel, der dem ganzen Ambiente zur Fokussierung verhilft. Ideal wäre noch der Blick auf von West nach Ost fließendes, klares Wasser. In der Nördlichen Hemisphäre gilt eine Süd-Sonnen-Orientierung als ideal, in Südafrika oder Australien läge das Ganze in Richtung Norden, weil ja die Sonne dort im Norden steht. Die „Goldene Regel des Feng

Die ideale „Lehnstuhlposition" mit der schützenden Schildkröte im Rücken, Drache und Tiger als „Armstützen" und dem freien Ausblick auf den Phönix.

Shui“ lautet: **Berg im Rücken und freie Sicht nach vorne mit Blick auf Wasser.** Ein solches Umfeld bringt Gedeihen und Beständigkeit und unterstützt die Menschen, die dort arbeiten. Bekanntestes Beispiel dafür ist Hongkong, das mit Bergen im Rücken und Blick aufs Meer zu einer Finanzmetropole avanciert ist.

Wenn jedoch die Situation umgekehrt ist, also der Rücken offen und vorne eine Blockade durch einen Berg, ein Gebäude, eine Mauer oder eine Säule, so ist dieser Standort als ungünstig zu werten. Ideal ist die Gebäudeöffnung hin zur freien Sicht, darauf sollten Sie beim Kauf eines Objektes oder bei einer Neuplanung immer achten. Falls diese optimalen Umstände nicht gegeben sind, könnten Sie einen anderen Zugang zum Haupteingang umfunktionieren. Wenn das Wasser hinter dem Haus fließt statt davor, so kann dies zwar ebenfalls viele Chancen bedeuten, die aber in den meisten Fällen ungenutzt vorbeiziehen.

© Bene

2 Ihr Arbeitsplatz – eine Quelle des Chi?

Der Mensch hat drei Wege, klug zu handeln:
◁ nachdenken, das ist der edelste,
◁ nachahmen, das ist der leichteste,
◁ Erfahrung, das ist der bitterste.

Konfuzius

Stehen Sie abends fit von Ihrem Schreibtisch auf, obwohl Sie einen intensiven Tag hinter sich haben? Oder freuen Sie sich schon am Morgen nur auf den Moment des Nachhausegehens? Müssen Sie viel Zeit auswärts verbringen, oder kann es vorkommen, daß Sie Stunden ohne Unterbrechung am gleichen Platz arbeiten? Wie ist Ihr Kontakt zu den Kollegen und Mitarbeitern? Sind Sie eher krankheitsanfällig? Haben Sie einen guten Ruf im Kollegen- und Kundenkreis? Redet man hinter Ihrem Rücken über Sie? Nervt Sie Ihr Chef?

Unabhängig davon, aus welchem Grund Sie dieses Buch lesen: Der wichtigste Platz in Ihrem Büro ist zunächst einmal Ihr eigener. Extrem viel Potential geht täglich dadurch verloren, daß gravierende „Energieräuber" Ihr Umfeld schwächen. Für einen besonders effizienten Einstieg in Ihr persönliches Feng Shui empfehle ich Ihnen daher, die nebenstehende Checkliste auszufüllen. Bewerten Sie Ihre persönliche Position in Hinblick auf die angesprochenen Themen. Geben Sie sich fünf Punkte bei weitestgehender Zustimmung und einen, wenn die Aussage überhaupt nicht stimmt. Stellen Sie mit nebenstehendem Test fest, wie sich Ihr Umfeld in Ihrem Leben widerspiegelt.

Auswertung: Je geringer die Punktezahl, um so eher werden Sie sich vermutlich in den genannten Bereichen bereits mit Schwierigkeiten herumschlagen. Anders ausgedrückt: Jene Aspekte, deren Fragen Sie mit vielen Punkten beantwortet haben, scheinen zur Zeit recht reibungslos zu florieren, es gibt hier im Moment nicht soviel zu lösen wie in den Abschnitten mit niedrigem Ergebnis.

Wofür der jeweilige Abschnitt steht, konnten Sie der Tabelle ja bereits entnehmen. Wenn die erste Frage von Ihnen mit der niedrigsten Zahl beurteilt wurde, dann dürfte es Probleme in der „Karriere-Zone" Ihres Büros geben, bei der dritten Frage ist das Thema „Vorgesetzte", und wenn Sie bei der achten Frage die Zahl 1 angekreuzt haben, dann sollten Sie im „Wissen"-Eck nach dem Rechten sehen usw.

Das Bagua – ein Röntgenbild von Räumen

Wissen Sie, wie der menschliche Körper funktioniert? Vermutlich nicht, wer weiß das schon bis ins Detail, schließlich haben wir es hier mit einem hochkomplizierten, vernetzten System zu tun. Was wir allerdings alle wissen: Umfassende Gesundheit ist nur möglich, wenn das Zusammenspiel vieler gesunder Einzelteile ungestört klappt – wie in einem meisterhaften Orchester. Liegt eine Störung an einem Organ vor, wird dadurch an bestimmten Körperstellen der Energiefluß gehemmt, was früher oder später zu Problemen führt. Denn unser Körper ist ein

Ich liebe das Leben, fühle mich im Fluß und bin mit dem, was ich bisher persönlich und beruflich erreicht habe, sehr zufrieden.	1	2	3	4	5	Karriere
Meine Beziehungen sind mein großes Potential. Im allgemeinen mögen mich die Menschen sehr, und ich finde jederzeit ein offenes Ohr bei meinen Freunden und Kollegen.	1	2	3	4	5	Partnerschaft
Mein Vorgesetzter fördert mich, und wir haben eine offene, stabile und fruchtbare Zusammenarbeit. Wir vertrauen einander.	1	2	3	4	5	Vorgesetzte
Nicht nur finanziell bin ich gut versorgt, auch innerlich fühle ich mich reich und glücklich. Ich habe ein gesundes Selbstvertrauen.	1	2	3	4	5	Reichtum
Ich bin gesund und energiegeladen. Kaum etwas bringt mich aus meiner Mitte.	1	2	3	4	5	Tai Chi
Wann immer ich dringend Hilfe benötigen würde, es wäre mit Sicherheit jemand da, um mir sofort und bedingungslos aus der Klemme zu helfen.	1	2	3	4	5	Unterstützung
Ich bin kreativ und sprühe vor Ideen. [Falls Sie selbst Vorgesetzter sind:] Meine Mitarbeiter fühlen sich wohl mit mir, und wir arbeiten sehr konstruktiv zusammen.	1	2	3	4	5	Kreativität
Neben meinem guten Fachwissen ist es vor allem die Gabe, meinem „Bauch" zu vertrauen, die mich stark macht. Mein guter Instinkt (meine Intuition) hat mich schon vor vielen Fehlern bewahrt.	1	2	3	4	5	Wissen
Mein Ansehen sowohl innerhalb als auch außerhalb der Firma ist sehr gut. Manchmal bin ich verblüfft, wieviel erfreuliches Feedback ich erhalte.	1	2	3	4	5	Ruhm

vernetztes System, in dem jede Veränderung automatisch auch andere Regionen beeinflußt.

Ähnlich verhält es sich mit jedem anderen „lebendigen“ System. Auch ein Bauwerk kann als lebendiges System gesehen werden. In einem Gebäude sollten die einzelnen „Körperregio-

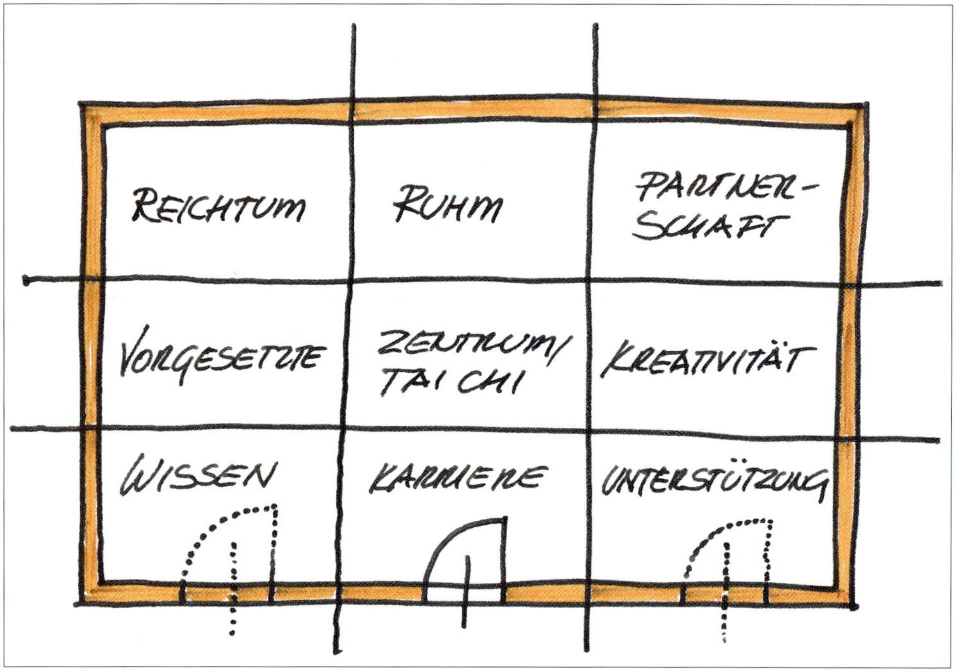

Jeder Grundriß wird in neun gleich große Teile unterteilt. Die Grundlinie Wissen/Karriere/Unterstützung liegt immer beim Eingang.

nen“ (Räume, Abteilungen) gut und reibungsfrei mit Energie versorgt werden. Es muß genügend Nahrung über den „Mund“ (Eingang) aufgenommen werden, und es sollte eine ausgeglichene Anbindung und Kommunikation zwischen den unterschiedlichen „Körperteilen“ möglich sein. Eine Störung im Gebäude wird sich daher ebenso schnell bemerkbar machen wie eine gesundheitliche Schwäche im menschlichen Körper.

Ein krankes Organ läßt sich mit einem schlecht genutzten Raum vergleichen, blockierte Energieströme finden ihre Entsprechung in zu engen oder verwinkelten Fluren, und allgemeine Energieunterversorgung läßt sich an einem kleinen oder schwer zu findenden Eingang ablesen. Sie sehen – mit ein bißchen analogem Denken finden sich für alle Aspekte des Lebens auch im „Körper Haus“ die entsprechenden Zuordnungen.

Ähnlich einer Röntgenaufnahme, die ein Abbild des Körperinneren zeigt, läßt sich auch jeder beliebige Büro- oder Etagengrundriß auf verborgene Botschaften untersuchen. Sie erinnern sich: Ihr inneres Wesen spiegelt sich in Ihrem äußeren Umfeld, also auch in Ihrem Büro, wider.

Alles, was Sie nun benötigen, ist ein Grundrißplan Ihres Büros. Besorgen Sie sich am besten gleich mehrere Kopien davon. Darüber legen Sie dann einen einfachen Bagua-Raster („acht Trigramme“), der Ihnen zeigt, welche „Funktionen" in Ihrem Umfeld besonders stark oder besonders schwach veranlagt sind. Sie erfahren dadurch mehr über Ihre versteckten und noch nicht genutzten Potentiale und auch den Grund dafür, daß es in dem einen oder anderen Bereich Ihres Berufsalltags noch nicht so gut klappt.

Die Grundlage des Bagua sind die acht Trigramme des I Ging (chinesisches „Buch des Wissens"), die der Erfahrung der Chinesen entsprechend die acht Grundbausteine des Lebens beschreiben. Beim I Ging handelt es sich wohl um die älteste „Computersprache" der Welt, eine vor 5.000 Jahren entwickelte Codierung aus jeweils drei unterschiedlich kombinierbaren geteilten und ungeteilten Linien. Dahinter verbergen sich alle wesentlichen Aspekte der Natur: Himmel, Erde, Feuer, Wasser, Berg, See, Wind und Donner.

Alle Dinge lassen sich in einem dieser acht Trigramme beschreiben, alle physischen Gegenstände, alle Formen, alle Elemente, alle Emotionen und alle geistigen Eigenschaften. Die acht Aspekte des Bagua-Rasters sind so um ein Zentrum angeordnet, daß sich insgesamt neun gleich große Felder ergeben. Diese repräsentieren die unterschiedlichen Aspekte Ihres Berufslebens: Karriere, Wissen, Vorgesetzte, Reichtum, Ruhm, Partnerschaft, Kreativität, Unterstützung und Lebenskraft (Tai Chi).

Das Bagua ist mit einem gesunden menschlichen Körper vergleichbar, es orientiert sich stets am harmonischen Grundriß. Die natürlichste Form ist der Kreis, die optimale, dem angenäherte Grundrißform immer ein Quadrat oder Rechteck. Bei diesen Formen ist jeder Bereich zu 100 % vorhanden, alle Körperteile gelten als ausgewogen.

Zeichnen Sie jetzt die Außenkonturen der von Ihnen benutzten Büro- oder Firmenfläche mit Farbstift nach. Dies trennt optisch Ihren Bereich von eventuell angrenzenden Nachbarn. Dann markieren Sie den Eingang, also Ihre Öffnung zur Außenwelt. Dieser „Mund" prägt die Art, wie sich Energien in Ihren Innenräumen entfalten. Legen Sie das Bagua nun so an, daß die unterste Reihe mit den Feldern „Wissen/Karriere/Unterstützung" an der Wand mit der Eingangstür liegt (bei unregelmäßigen Grundrissen, siehe Seite 40 ff.). Passen Sie den Bagua-Raster dem Grundriß an, unabhängig davon, wie schmal oder breit das Rechteck ist. Dritteln Sie beide Seiten, also Länge und Breite, Sie erhalten dadurch den Raster mit den neun gleich großen Bagua-Feldern.

Wichtig bei mehreren Türen: Welche ist der Haupteingang?

Die Bedeutung der Bagua-Zonen

Jede Bagua-Zone ist nach dem I Ging einer ganz bestimmten Symbolik zugeordnet und hat eine sehr tiefgehende Bedeutung. Verstehen Sie daher die jeweiligen Bezeichnungen der Bagua-Felder eher als Ver-

such einer vereinfachten Beschreibung. In Wirklichkeit verbirgt sich hinter diesen Begriffen das Wissen um die Vielschichtigkeit der betreffenden Lebensbereiche, denn es zeigt sich hier sehr deutlich, wie unmittelbar alles miteinander verbunden ist. Daher läßt sich auch Ihr Arbeitsumfeld niemals ganz von Ihnen als „Privat"person trennen. Das Bagua erklärt dies auf vortreffliche Art.
Bei Karriere beispielsweise handelt es sich nicht nur um Ihren beruflichen Erfolg, sondern auch um Ihren persönlichen Lebensweg. Im Berufs-Bagua werden, im Gegensatz zum Bagua für den Wohnbereich, einige Begriffe anders bezeichnet – Hilfreiche Freunde wird hier umbenannt in Unterstützung, Familie in Vorgesetzte und Kinder in Kreativität. Diese Änderung ist nötig, um die Zonen auch verständnismäßig besser an den Arbeitsbereich anzupassen.

Karriere

„Hurra, es läuft, und wie von selbst ergeben sich die wunderbarsten Dinge!" Kennen Sie dieses Gefühl, daß Sie nur „den ersten Dominostein antippen müssen" und sich wie von selbst alle anderen Steine mitbewegen? Das ist die Eigenschaft eines ausgewogenen Karriere-Feldes, das in der Mitte der Grundlinie des Bagua liegt. Es repräsentiert die Energie des **Wassers** und beschreibt den Fluß Ihres beruflichen und persönlichen Lebens. Und es spiegelt Ihren individuellen Lebensweg und wie gut es Ihnen gelingt, Ihr inneres Wesen mit Ihrem äußeren Leben zu vereinen. Tun Sie wirklich das, wozu Sie sich berufen fühlen? Wie gut gelingt es Ihnen, Ihren persönlichen Lebensplan in Ihren Beruf zu integrieren? Ist Ihr **Beruf** wirklich Ihre **Berufung**? Oder warten Sie heute schon sehnsüchtig auf den Ruhestand, um dann endlich das tun zu können, worauf Sie sich schon ein Lebenlang freuen? Wenn scheinbar alles stagniert, die Beförderung, der Aufstieg oder die einflußreiche Position auf sich warten lassen, wenn Selbstzweifel oder generelle Unzufrie-

denheit sich breitmachen, wenn Sie drauf und dran sind zu kündigen, wenn betriebsinterne Grabenkämpfe überhand nehmen oder Sie sich einfach intensiver Ihrem persönlichen Lebensweg zuwenden wollen, dann ist es Zeit, die Kraft der Karriere-Zone durch gezielte Veränderung zu aktivieren. Tun Sie dies sowohl am Arbeitsplatz als auch zu Hause, um in beiden Hauptbereichen Ihres Lebens Unterstützung dafür zu suchen, daß Beförderungen und Aufstiege auch dann stattfinden, wenn sie Ihnen zustehen. Eine ungünstige Konstellation im Karriere-Bereich sollte daher mit allen zur Verfügung stehenden Feng-Shui-Instrumenten ausgeglichen werden. Gutes Chi im Karriere-Abschnitt schützt laut Feng-Shui-Experten vor Betrug, vor Kompetenzbeschneidung oder vor Jobverlust.

Im Idealfall sollte die Raumgestaltung dieses Büro- oder Firmenbereichs die Energie sanft zirkulieren lassen. Freundliche und helle Farben (als Kontrast sind eine Prise Schwarz und Blautöne in allen Schattierungen förderlich) wirken in diesem Bereich besonders günstig, ebenso runde und sanfte Möbelformen ohne Kanten. Günstig sind in dieser Zone Dekors und Bilder mit Wassermotiven, das heißt generell Bildmotive, die einen Eindruck von Weite, Tiefe und Frische vermitteln. Auch Wasserobjekte, etwa Zierbrunnen, Aquarien, Vasen oder Schalen mit Wasser sind gut geeignet, das Chi der Karriere-Zone zu aktivieren. Vor oder im Eingangsbereich vieler großer Unternehmen befindet sich ein Wasserobjekt. Sollte das wirklich Zufall sein? Achten Sie darauf, daß in kleinen Räumen nur geringe Mengen an Wasser vorhanden sind, ein Zuviel an Wasser-Energie kann überwältigend im negativen Sinn wirken. Und installieren Sie aus dem gleichen Grund Wasser nur in Aktivräumen, wie Büros und Besprechungszimmern, aber niemals in einem Schlafzimmer.

Außerdem sollte es im Karriere-Bereich Ihres Büros oder Unternehmens keine Bilder oder Gegenstände mit latent problematischem Inhalt geben. Wieder gilt, daß Blockaden oder Staus (beispielsweise das Bild eines Flugzeugabsturzes oder eines Staudammes) den Fluß des Chi beeinträchtigen. Freundliches, strahlendes Licht ist ebenfalls essentiell, achten Sie auch auf ein ordentliches Erscheinungsbild. Jedes den freien Energiefluß blockierende Element sollte entfernt werden: Verzichten Sie also auf wuchtige Einbauschränke, überladene Garderoben, herumstehende Kartons oder ähnliches.

Ihr Motto im Karriere-Bereich, unabhängig davon, welcher Raum sich dort befindet, sollte daher lauten: **offen, freundlich, hell, fließend und weit.**

Metall nährt das Wasser-Element (siehe Seite 109), deshalb können alle Metallobjekte, wie Klangspiele, Münzen oder Statuen, und analog dazu die Farben Weiß, Silber und Gold zur Unterstützung des

WIR BRAUCHEN NICHT SO WEITERZULEBEN, WIE WIR GESTERN GELEBT HABEN. MACHT EUCH VON DIESER ANSCHAUUNG LOS, UND 1.000 MÖGLICHKEITEN LADEN UNS ZU NEUEM LEBEN EIN.

Christian Morgenstern

Karriere-Feldes eingesetzt werden (zu den Entsprechungen von Farben und Elementen, siehe Tabelle, Seite 49 ff.).
Die Aktivierung des Karriere-Bereiches wird neue Energie in Ihr Berufsleben bringen und viele neue Chancen eröffnen. Parallel dazu sollten Sie sich und auch allen anderen die Möglichkeit geben, persönliche Fähigkeiten und Interessen in das Berufsleben einfließen zu lassen. Karriere bedeutet demgemäß „im persönlichen Fluß sein" – die erfreuliche Folge ist für Sie und Ihr Umfeld und somit auch für das Unternehmen nicht zu übersehen: mehr Chancen, mehr Potential und mehr Erfolg.
Noch effektiver ziehen Sie die Kraft der Karriere-Zone an, wenn Sie sich überwiegend in Ihre 4. Kua-Richtung (= persönliche Richtung der Klarheit; siehe Seite 79) orientieren.

Partnerschaft

„Grundsätzlich würde Ihnen Ihre Arbeit Spaß machen, wenn Sie nicht mit so vielen seltsamen Menschen zusammenarbeiten müßten?"
Was Ihnen hier als Herausforderung des Alltags entgegentritt, ist die Energie der rechten hinteren Ecke (immer vom Eingang aus betrachtet), also der Partnerschaft-Zone. Diese bildet Ihre Fähigkeiten im Umgang mit anderen Menschen ab. Wenn die zwischenmenschlichen Beziehungen nicht funktionieren, gestaltet sich auch alles andere im Leben schwierig. Wie eine Ehekrise das allgemeine Wohlbefinden massiv beeinträchtigt, werden auch Ihre Beziehungen zu Kollegen, Freunden, Nachbarn und Behörden Ihren beruflichen Erfolg stark beeinflussen.
In diesem Bereich zeigt sich besonders deutlich, daß sich Beruf und Privatleben nicht wirklich trennen lassen –

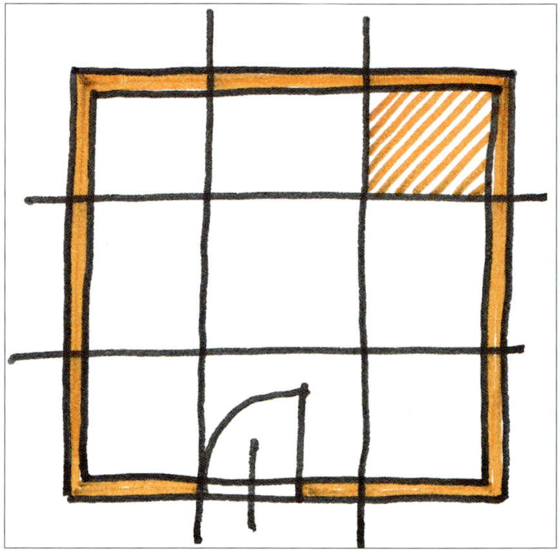

eine private Krise belastet die geschäftliche Situation und umgekehrt. Um so lohnenswerter ist es daher, diese Zone zu kultivieren.
Dem I Ging zufolge ist das Trigramm für die Partnerschaft, die **Erde**, das weiblichste von allen. Sie verlangt ein ausgewogenes Verhältnis von Saat und Ernte, wie auch eine Beziehung zwischen zwei Menschen ein ständiger Wechsel

zwischen Geben und Empfangen ist. Bezeichnend für unser Gesellschaftssystem erscheint mir die Tatsache, daß häufig gerade die Partnerschaft-Zone in der Wohnung oder im Büro fehlt oder belastet ist (vgl. Kap. 6 „Im Mittelpunkt der Mensch").

Falls Sie vorhaben, neue geschäftliche Beziehungen mit anderen Menschen oder Unternehmen einzugehen, ist eine ausgewogene partnerschaftliche Zusammenarbeit die Basis für den Erfolg. Zur Förderung neuer und bestehender Beziehungen zu Ihren Mitmenschen, Kollegen und Kunden sollten Sie jeweils in der rechten hinteren Ecke aller Räume belastende Elemente und Symbole entfernen. Ein „Zuviel des Guten", also eine Überladung, könnte Probleme verursachen. Auch die konkrete Nutzung des Partnerschaft-Bereichs spielt eine große Rolle, z. B. der Inhalt von dort aufbewahrten Akten, unerledigte oder brisante Korrespondenzen, unbrauchbar gewordenes Büromaterial, abgenutzte Möbel oder düstere Bilder.

Nachdem Sie alles Störende und Unordentliche aus der Partner-Ecke entfernt haben, sollten Sie für eine gründliche Reinigung sorgen und nun um Harmonie in diesem Bereich bemüht sein. Dekorieren Sie diese Zone mit gesunden, vorzugsweise rotblühenden Zimmerpflanzen oder mit frischen Schnittblumen. Lassen Sie die Ecke blühen und gedeihen – so wie Sie es für Ihre Beziehungen anstreben. Auch wenn es sich um einen Arbeitsraum handelt: **Nicht das Ausmaß der Feng-Shui-Veränderung ist entscheidend, sondern die Tatsache, ob ein partnerschaftsförderlicher Akzent gesetzt wird.**

Wählen Sie als Dekor- und Einrichtungselemente Gegenstände und Bilder, die harmonische oder partnerschaftliche Motive zeigen, am besten paarweise angeordnet. Erzeugen Sie ein Umfeld, das Offenheit, Gemeinsamkeit und Gleichberechtigung ausstrahlt und Freude vermittelt. Als besonders kraftvolle Motive für die Partner-Ecke gelten auch Berge sowie alle Bilder, die mit Erde in Zusammenhang stehen, wie beispielsweise ein Globus, der symbolisch Mutter Erde darstellt, aber auch Keramik, Porzellan, Steine oder Kristalle. Stellen Sie einen Globus in die Nähe Ihres Arbeitsplatzes, und drehen Sie diesen zumindest ein Mal täglich. Die dabei entstehende Yang-Energie gleicht das Yin der Partner-Zone aus. Auch Objekte aus Kristallglas, wie Briefbeschwerer oder Kristallfiguren, verfehlen ihre Wirkung nicht.

Feuer nährt die Erde, daher gelten Kerzen, Feuerzeuge, offene Kamine oder Bilder mit Sonnenmotiven als förderlich für die Partner-Ecke des Raumes oder Schreibtisches (siehe Seite 109). Ideale Farben für diesen Bereich sind Rot und Rosa sowie alle Erdtöne, wie Gelb, Ocker, Orange oder Braun. Doch bedenken Sie, daß Balance und Ausgewogenheit das Wichtigste in

Was im Ton übereinstimmt, schwingt miteinander.

I Ging

dieser Bagua-Zone sind. Ideal wäre daher das zumindest teilweise Vorhandensein aller Fünf Elemente, nur so kann jedes einzelne seinen Beitrag zum Ganzen leisten.
Sie unterstützen die Kraft der Partnerschaft durch ein Orientieren nach Ihrer 3. Kua-Richtung (siehe Seite 79).

Vorgesetzte

„Die schönsten Arbeitstage sind die, an denen der Chef auf Urlaub ist? Und am besten, er läßt Sie in Ruhe, schließlich stört er ohnehin nur?“ Je schwieriger Ihr Verhältnis zu Vorgesetzten ist, um so mehr Energiepotential wird blockiert – und könnte geweckt und genutzt werden.
Links in der Mitte vom Eingang aus betrachtet befindet sich die Vorgesetzte-Zone. Diese entspricht dem I Ging des **Donners** und repräsentiert Ihre Herkunft und Ihre Wurzeln, also alles, was vor Ihnen war und die Basis für Ihr Hiersein gelegt hat. Sie spiegelt die Vergangenheit wider – im Privatbereich sind dies Ihre Eltern und Vorfahren, am Arbeitsplatz Ihre unmittelbaren Vorgesetzten und die gesamte Führungsetage.
Beleuchten Sie also Ihr Verhältnis zu Obrigkeiten, indem Sie die Zone links in der Mitte näher betrachten. Je nach ihrer Gestaltung und Nutzung gibt sie Hinweise auf Ihre Stärken und Schwächen in Ihren Beziehungen zu Autoritäten und Vorgesetzten, aber auch auf Ihre Fähigkeit, im entscheidenden Augenblick Kompetenzen zu übernehmen oder abzugeben. So sagt dieser Abschnitt auch sehr viel über Ihr persönliches Wachstumspotential aus und sollte daher in Ihren Räumen so klar wie möglich strukturiert sein, beispielsweise durch geradlinige Möbelformen.

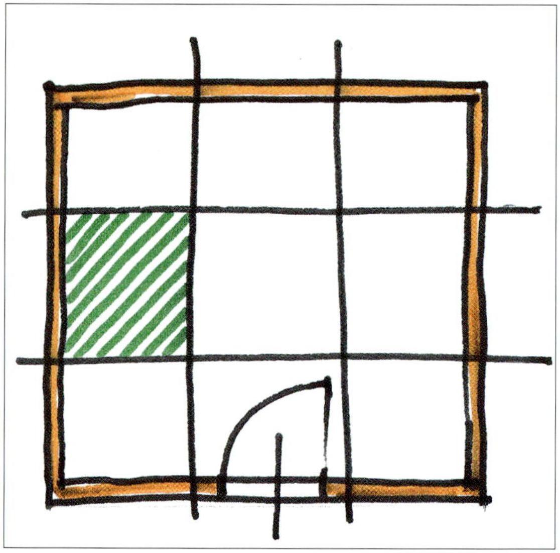

Idealerweise sollte die Vorgesetzte-Zone so wenig wie möglich durch Mauern oder Schränke blockiert sein. Außerdem sollten in diesem Abschnitt weder Abstellräume vorhanden sein noch chronische Unordnung herrschen.
Sonst könnte dies als möglicher Hinweis auf unerledigte Dinge aus der Vergangenheit (Stichwort Vater) gelten, die sich regel-

mäßig wieder als scheinbar zufällig auftauchende Autoritätskonflikte äußern. Auch das Gefühl, sich nicht entfalten zu können, weil Sie von Ihrem Vorgesetzten nicht ausreichend gefördert werden oder weil Sie seinet- oder ihretwegen unter Angst und Streß leiden, läßt sich an der Vorgesetzte-Zone festmachen.

Wie schon erwähnt sind in diesem Bereich oftmals nicht erledigte Dinge der Vergangenheit verankert, deshalb ist es naheliegend, durch Entrümpeln und Ausmisten alle alten und nicht mehr benötigten Energien (auch Materie ist Energie) loszulassen. Dies bringt auf der persönlichen Ebene vieles ins Rollen und hilft, möglicherweise bis in die Kindheit zurückreichende Eltern-Kind-Probleme zu lösen. Das Resultat wird ein entspannteres Arbeitsverhältnis mit Ihrem Vorgesetzten sein. Oder Sie könnten versetzt werden und bekommen überhaupt einen neuen Chef – was auch immer das Schicksal für Sie bereithält, seien Sie offen für Veränderungen.

Die Energie dieser Zone ist der nach oben und nach außen strebenden, gesunden Wachstumskraft eines Baumes vergleichbar, weshalb große Zimmerpflanzen (beispielsweise Bambus), Bilder mit Bäumen, Motive oder Ziergegenstände mit nach oben strebenden Formen, Sonnenaufgänge oder Frühlingsstimmungen in der Vorgesetzte-Zone angebracht sind. Ideale Farben sind kräftige Grüntöne, Türkis und Blau. Auch Wasser eignet sich, beispielsweise als Quellstein, wellige Dekors oder Poster.

Fördern Sie die Energie der Vorgesetzten durch Orientierung in Ihre 4. Kua-Richtung (siehe Seite 79).

Reichtum

„Irgendwie herrscht ein Ungleichgewicht zwischen dem, was Sie leisten, und Ihrem Einkommen? Oder Sie stellen immer wieder mit Schrecken fest, daß Ihnen aus unerklärlichen Gründen das Geld zwischen den Fingern zerrinnt?“ Die damit in Verbindung stehende Bagua-Zone ist die Ecke des Reichtums – eine klassische Problemzone in so manchen Geschäftslokalen. Sie finden Sie vom Eingang aus gesehen in der linken hinteren Ecke. Hier läßt sich nicht nur Ihr finanzielles Glück und Geschick im Umgang mit materiellen Werten ablesen, sondern auch Ihre Fähigkeit, nicht-materielle Werte zu erkennen und zu nutzen. Was üblicherweise als „innerer Reichtum“ be-

Sammelst du Früchte, so gedenke auch derer, die den Baum gepflanzt haben.
vietnamesisches Sprichwort

zeichnet wird, ist ein solcher immaterieller Wert, der potentiell in allem steckt. Alles, ganz gleich, ob wir es zunächst als angenehm oder störend empfinden, birgt eine versteckte Chance in sich, doch da sich diese oftmals leise (vergleiche **Wind** im I Ging) ankündigt, erkennen wir sie in den meisten Fällen nicht.
Gestalten Sie diesen Teil Ihres Bagua betont anregend, beispielsweise mit Bildern, die Ihnen persönlich das Gefühl von Fülle und Wohlstand geben. Gesunde und kräftige Pflanzen, am besten zahlreiche kleine bis mittelgroße, oder aber leere Kristallschalen, die symbolisch ein Auffanggefäß für die zukünftige Fülle darstellen, sind weitverbreitete Feng-Shui-Lösungen für die Reichtum-Zone.
Förderliche Farben sind sanfte Grüntöne sowie Blau und Türkis. Auch Wasser, etwa Zimmerbrunnen, Aquarien oder Bilder von Seen, Meeren, Bächen oder Wasserfällen, erhöht das Chi dieses Bereichs. Alle individuellen Symbole, die Ihnen das tägliche Leben erleichtern, die Ihnen Glück, Kraft und Selbstbewußtsein geben, entsprechen der Qualität der Reichtum-Zone.
Da wir in unserem (Berufs-)Leben nur das anziehen, was wir auch ausstrahlen (**Gesetz von Ursache und Wirkung**), ist es oftmals schon hilfreich, sich die Mühe zu machen, eine Zone bewußt attraktiv und energiereich zu gestalten. Dies wirkt dann wie ein geistiger „Anker", der Sie immer wieder an Ihren ursprünglichen Wunsch erinnert. Ihr Denken und Ihre Gefühle werden immer häufiger in die gewünschte Richtung gepolt, und da auch Gedanken Energie sind (siehe Seite 149 ff.), arbeiten Sie somit fortwährend an der Verbesserung Ihres Umfeldes. Dies wird Ihr berufliches Wohlergehen deutlich verbessern.
Ganz besonders ideal zur Unterstützung der Schwingung der Reichtum-Zone ist es, wenn Sie sich so oft wie möglich in Ihre 1. Kua-Richtung (siehe Seite 79) orientieren.

Zentrum/Tai Chi

„Sie fühlen sich unausgeglichen und lassen sich durch Kleinigkeiten viel zu oft aus der Ruhe bringen? Und vor kurzer Zeit waren Sie noch ein richtiges Energiebündel?" In diesem Fall sollten Sie sich Ihres Zentrums (Tai Chi) annehmen. Dieses kann man am besten mit „Energietankstelle" Ihres Büros beschreiben, es läßt sich mit der eigenen Körpermitte vergleichen.
Der Traditionellen Chinesischen Medizin (TCM) zufolge befindet sich etwa vier Fingerbreit unter dem Nabel das Energiezentrum des menschlichen Körpers. Es wird als Hara oder Dantien bezeichnet. Hier wird Energie gesammelt, und von hier aus werden alle Körperpartien mit Lebensenergie versorgt. Je freier und unbelasteter das Körperzentrum ist (etwa nach ei-

ner Fastenkur), um so unbeschwerter und freier können die Energien fließen. Analog dazu sollte das ideale Gebäudezentrum so frei und unverbaut wie möglich sein, also weder durch Mauern, Säulen noch wuchtige

Möblierung blockiert sein. Nur so kann das Chi frei fließen und sein maximales Potential entfalten. Ein blockiertes Zentrum, etwa durch einen Kamin, eine Mauer, eine Säule oder einen Abstellraum, könnte auf ein unnötig anstrengendes Leben hinweisen, mit mehr Umwegen als nötig oder Energiedefiziten und Blockaden. Wenn sich im Zentrum Ihres derzeitigen Geschäftsgrundrisses die Treppe oder gar ein Lift befindet, erleben Sie diese Situation möglicherweise als stark schwankendes „Auf und Ab".

Da das Zentrum auch Gesundheit symbolisiert, sollte es so hell und attraktiv wie möglich gestaltet sein. Dementsprechend haben die alten Baumeister in allen größeren Gebäuden bewußt immer ein besonderes Gestaltungsmerkmal über die Raummitte gelegt. So wurden in den Boden achteckige Mosaike oder Sterne eingelassen, oder der Raum wurde durch zentrierende Bemalung, achteckig oder kreisrund geformte Stuckstrukturen oder durch einen strahlenden Kronleuchter „in seine Mitte gebracht". Eine außergewöhnliche Lampe ist auch heute noch ein wunderbares Zentrierungsinstrument, ebenso eine DNS-Spirale (siehe Seite 53) oder attraktive Bodengestaltung, eventuell mit einem runden Teppich.

Die Zentrierung der Räumlichkeiten unterstützt einen direkteren und fließenderen Zugang zu Ihren Energiepotentialen. Sie fördert durch die gesteigerte Energetisierung auch Ihre Gesundheit und bewirkt, sozusagen als angenehme Nebenwirkung, ein Gefühl größerer emotionaler Ausgeglichenheit. Zusätzlich wird sich das eine oder andere bislang Unklare in Ihrem Umfeld „erhellen". Sie finden einfach zu Ihrer Mitte.

Gute Farben für das Zentrum sind alle Erdtöne, wie Gelb, Braun, Ocker und Orange. Auch die Materialien Keramik, Stein, Ton und Terracotta sind beliebte Zentrumsaktivierer.

Unterstützung

„Fragen Sie sich manchmal, warum anderen immer geholfen wird und Sie sich oft alleine durchschlagen müssen?" In diesem Fall sollten Sie sich mit der Ecke rechts an der Grundlinie genauer beschäftigen. Sie ist die

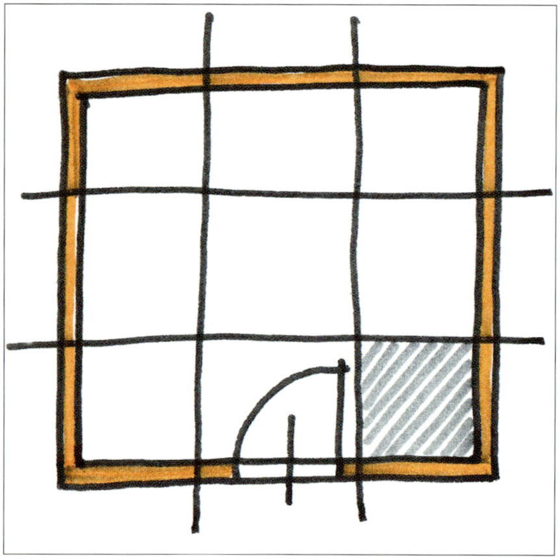

Unterstützung-Ecke und hat mit jeder Form von spontaner und hilfreicher Unterstützung zu tun, die Ihnen zuteil wird: Sie treffen einen alten Bekannten in einem Restaurant, und dieser erzählt ganz beiläufig, daß er seinen Job wechseln möchte. Die frei werdende Stelle entspricht genau Ihren Vorstellungen, Sie bewerben sich, und kurz darauf können Sie tatsächlich bei dem ehemaligen Arbeitgeber Ihres Freundes zu arbeiten beginnen.
Oder ein Buch fällt Ihnen in die Hände, und der erste Satz, den Sie lesen, gibt Ihnen die Antwort auf eine langgehegte Frage. Oder aber Sie werden in einen schweren Autounfall verwickelt, doch wie durch ein Wunder steigen Sie unversehrt aus dem Wrack. All das sind Beispiele für die unterstützende und das Leben bereichernde Energie der Unterstützung. Das ist die Zone des Helfens, der gelebten Menschlichkeit, der weiterbringenden zufälligen Informationen und, wenn man so will, des höheren Beistandes, der uns auch bei Unfällen schützt oder vor Mißgeschicken bewahrt. Und außerdem unterstützt diese Zone die Fähigkeit des Networking. „Vitamin B" wird freigesetzt und aktiviert Förderer und hilfreiche Kontakte sowie Mentoren. Achten Sie auf ein ausgewogenes Verhältnis zwischen Yin- und Yang-Energie, vor allem durch vorteilhafte Integration des Sonnenlichts, aber auch durch künstliche Beleuchtung.
Gestalten Sie diesen Bereich so heimelig wie möglich, und erzeugen Sie, dem zugeordneten Trigramm des I Ging entsprechend, ein weites Gefühl von **Himmel**. Dieses Trigramm ist das Symbol für maximale Yang-Kraft, es repräsentiert Macht, Führung und Autorität. Entwickeln Sie durch gezielte Raumgestaltung den Eindruck von nach oben gerichteter Offenheit, beispielsweise durch Deckenstrahler oder Wandleuchten. Für einen guten Rückhalt sollten Sie sich immer wieder an die klassische Feng-Shui-Situation mit dem geschützten Rücken und der Aussicht nach vorne erinnern (siehe Seite 18). Metall-Klangspiele und überhaupt alle Metallobjekte fördern diese Ecke. Bringen Sie außerdem jene Gegenstände und Bilder ein, die Sie an Ihre Freunde und Bekannten erinnern, z. B. Geschenke. Auch Kristalle,

Keramik, Terracotta, Porzellan, edle Bilder oder Einrichtungsgegenstände (etwa aus Bleikristall) aktivieren die Zone der Unterstützung. Neben den äußeren Aktivierungsmaßnahmen sind es vor allem aber die eigenen Handlungen, die das Chi dieses Bereiches nähren. Das bezieht sich auf Ihre eigene Bereitschaft, anderen zu helfen, wann immer Sie können, sei es durch Taten oder materielle Unterstützung. Der Ecke der Unterstützung gegenüberliegend ist die Reichtum-Zone, die darauf hinweist, daß erst durch Geben ein dementsprechend großer Energieimpuls freigesetzt wird, daß er als „Geschenk" wieder ins eigene Leben zurückfließt. Auch hier gilt das **Gesetz von Ursache und Wirkung**. Je freigebiger Sie sind, um so mehr Grundlagen liefern Sie für einen entsprechenden Rückfluß. Dies soll keine Aufforderung zu Naivität oder übermäßiger Gutmütigkeit sein, sondern ein Impuls zu einer offeneren Art des Gebens.

Um in Ihnen die Qualität der Unterstützung zu verankern, sollten Sie sich so oft wie möglich nach Ihrer 1. Kua-Richtung (siehe Seite 79) orientieren.

Kreativität

„Seit Sie in diesem Büro sitzen, scheint Ihre Kreativität, Ihre Begeisterungsfähigkeit und Ihr Ideenreichtum zu versiegen? Alles Neue ist in Ihrem Umfeld irgendwie mühsam geworden?" Dann sollten Sie sich nach rechts wenden, denn in der Mitte der rechten Seite liegt die Zone der Kreativität. Diese bildet Ihr Potential zur Erneuerung und Auffrischung des Alten ab. All Ihre „geistigen und physischen Kinder", also alles, was mit Ideen, Projekten, Kreativität, aber auch mit Filialen (d. h. auch Tochterunternehmen) zu tun hat, ist diesem Bereich zugeordnet. Er entspricht dem **See**, also dem stillen und tiefen Wasser. In der Ruhe können Inspiration und schöpferische Gedanken reifen, an die

Oberfläche des Bewußtseins dringen und wollen dann umgesetzt werden. Jedes Unternehmen, ganz gleich ob schöpferischer oder produzierender Natur, sollte diese

Zone im Auge behalten. Schließlich handelt es sich um die Fähigkeit zu kreativem Selbstausdruck, der den Gegenpol zu Struktur, Hierarchie und wachsendem Verantwortungsdruck bildet. Ein Mangel an kreativem Ausdruck führt zu Ungleichgewicht, und „eh Sie sich's versehen" beginnt die Motivation zu schwinden. Kein Betrieb kann auf Dauer auf dieses Potential verzichten, ohne in Schwierigkeiten zu geraten (vgl. Kap. 6 „Im Mittelpunkt der Mensch").

Was für ein größeres Unternehmen mit mehreren Angestellten gilt, hat auch für jeden „Einzelunternehmer" Bedeutung, egal ob er noch Student ist, im Begriff, eine kleine Firma aufzubauen, oder in einem Heimbüro arbeitet: Jeder sollte so bald wie möglich (und nicht erst, wenn es zu spät ist) für Ausgleich sorgen, indem er Freude, Spiel und auch leibliche Genüsse nicht zu kurz kommen läßt.

„Die positive Stimmung entscheidet über den Erfolg eines Unternehmens mehr als Kapital und Technik."
Helmut Weyh

Gestalten Sie die Kreativität-Zone in Ihrem Büro dementsprechend stimulierend. Vermeiden Sie etwa Bilder und Gegenstände, die nur einseitig auf die Arbeit bezogen sind. Metall- und Erdobjekte sind gut für die Kreativität-Zone, gute Möbel-, Wand- und Einrichtungsfarben sind Weiß, Silber, Grau und Gold.

Noch etwas: Sollten Sie selbst als Vorgesetzter Verantwortung für eine Gruppe von Menschen tragen, so empfehle ich Ihnen, der Kreativität-Zone allerhöchste Beachtung zu schenken. Das Verhältnis von Eltern und Kindern ist der Beziehung von Vorgesetzten zu Angestellten vergleichbar. Kultivieren Sie für eine gute Beziehung zu Ihren Mitarbeitern das Chi in der Kreativität-Zone.

Orientieren Sie sich bevorzugt in Ihre 3. Kua-Richtung (siehe Seite 79).

Wissen

„Vor lauter Terminen wissen Sie nicht mehr, wo Ihnen der Kopf steht? Und insgeheim schleicht sich immer öfter ein unbestimmtes Gefühl ein, das Sie an Ihrer beruflichen und persönlichen Orientierung zweifeln läßt?" Sie sollten sich umgehend Ihrer Wissen-Zone zuwenden. Diese liegt links an der Grundlinie und repräsentiert einerseits Ihre fachliche Kompetenz, andererseits das, was man üblicherweise als „inneres" Wissen bezeichnet.

Für eine effektive Wissensaufnahme sollte bekanntlich ein gewisses Maß an Ruhe herrschen, da man sonst beim Lernen zu sehr abgelenkt wird. Ähnliches gilt für das tief in Ihnen gespeicherte Wissen, Ihre innere Stimme. Dieses werden Sie ebenfalls nur dann hinreichend wahrnehmen können, wenn Sie sich genügend Freiraum und regelmäßig Zeit der Muße gönnen. Wie sonst wollen Sie in der Hektik und Betriebsamkeit des Alltags genügend Bereitschaft für die Wahrnehmung Ihrer inneren Signale finden?

Alle wichtigen Informationen liegen in uns – selbst wenn die meisten Menschen ihr Glück hauptsächlich in Äußerlichkeiten suchen. Ich vermute, daß sich immer mehr Menschen aus Angst vor der Stille und aus der Unfähigkeit, sich mit sich selbst zu beschäftigen, zu stark in die Arbeit stürzen. Der Weg zum

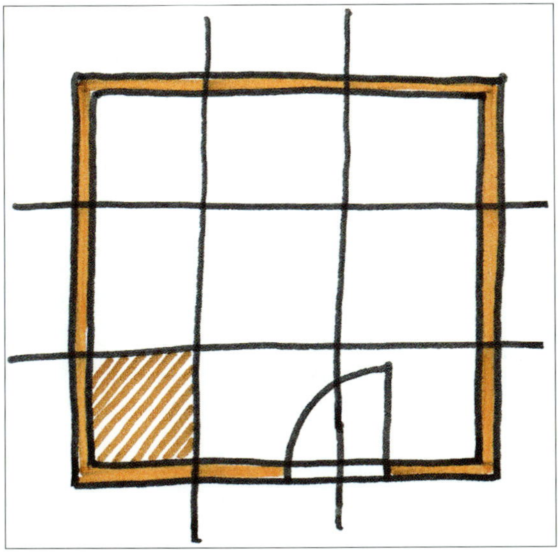

Workaholic ist dann nicht mehr weit – ich nehme mich da auch selbst nicht aus. Was unserer Gesellschaft heute am meisten fehlt, ist der Mut zur Stille – sie würde uns mit uns selbst konfrontieren.

Anregung zur Besinnung auf das Wesentliche bietet die Bagua-Zone des Wissens. Sie ist im Trigramm des **Berges** dargestellt, der beständig und in sich ruhend Stabilität und Ruhe verstrahlt. Ruhig und stabil sollte dieser Bereich auch innerhalb Ihres Büros sein, denn nur aus innerer Stärke kann beständige Kraft für das Außen entstehen.

Hektisches und betriebsames Reagieren erreicht niemals dasselbe wie aktives Agieren aus innerer Ruhe. Ich empfehle daher jedem, sich täglich ohne Ausnahme eine Viertel- oder halbe Stunde fürs Nichtstun zu reservieren. Legen Sie die Beine hoch, gehen Sie mit dem Hund spazieren, oder lernen Sie eine Entspannungstechnik. Aber lassen Sie Radio und Fernseher abgeschaltet. Seien Sie einfach für sich, und nehmen Sie sich Zeit zum Nachdenken. Sie werden sich wundern, wie erfrischt und bereichert Sie aus dieser „unproduktiven“ Zeit hervorgehen. Vielleicht wird es Ihnen bald wie vielen anderen gehen, die diese Phase des Tages nicht mehr missen möchten. Sie unterstützt das tägliche Weiterlernen über sich selbst (und das ist das Wichtigste), aber auch die fachliche Weiterentwicklung fürs Berufsleben.

Machen Sie daher Ihre Wissen-Zone zu einem Hort der Behaglichkeit und der kontemplativen Geborgenheit. Alles, was dem Erd-Element entspricht, aktiviert die Wissen-Ecke, wie auch das erderzeugende Feuer. Verwenden Sie bevorzugt „erdige und feurige“ Gegenstände (beispielsweise Lampen oder Sonnenmotive) und Farben wie Gelb, Braun, Ocker, Orange oder Rot.

Um Ihr geistiges Potential zur Wissensaufnahme, zum Lesen, Studieren oder Lernen noch weiter zu aktivieren, sollten Sie sich zum Arbeiten in Ihre 4. Kua-Richtung (siehe Seite 79) orientieren.

Ruhm

„Hinter Ihrem Rücken wird über Sie getratscht? Die Meinung über Sie entspricht bei weitem nicht der Realität?“ Bei jeder Form von Image- oder Respektproblemen sollten Sie sich die Bagua-Zone des Ruhmes vornehmen. Sie liegt in der Mitte gegenüber der Grundlinie und hat unter anderem mit Ihrer Ausstrahlung und Ihrem Charisma zu tun.

Können Sie andere allein durch Ihre Präsenz begeistern und animieren? Würden Sie sich selbst als jemanden bezeichnen, der mit Selbstbewußtsein und Klarheit auftritt und eine entsprechende Ausstrahlung besitzt? Je stärker sich Ihr Chi in dieser Zone entwickeln kann, um so unabhängiger und sicherer werden Sie in Hinkunft Ihrer eigenen Überzeugung folgen.

Die Bagua-Zone des Ruhmes entspricht in ihrem Naturell der Kraft des **Feuers**, das der Dunkelheit mit Licht begegnet und das Umfeld zum Strahlen bringt. Sie können diese Zone mit der Ausstrahlung Ihrer Person (oder Ihrer Firma) vergleichen.

Da die Ruhm-Zone im Bagua exakt gegenüber dem Karriere-Feld liegt, zeigt sich hier deutlich die untrennbare Beziehung zwischen Selbstfindung und (beruflichem) Fortkommen im Leben. Es wäre schön, wenn sich aus dieser Erkenntnis im Laufe der Jahre so etwas wie Weisheit entwickeln würde.

Die ideale Gestaltung des Bagua-Feldes Ruhm könnte durch außergewöhnliche und inspirierende Kunst- oder Einrichtungsgegenstände er-

folgen, durch helle und strahlende Accessoires wie Lampen, Spiegel, Kristalle oder beispielsweise die Feuerfarbe Rot. Kreieren Sie eine Atmosphäre des Glanzes und Funkelns, und achten Sie auf attraktive Beleuchtung. Auch alle Gegenstände des Holz-Elementes (siehe Seite 109), wie Pflanzen oder eine Holzvertäfelung, fördern die Ruhm-Zone, genauso

wie die Farbe Grün. Seien Sie kreativ, und schaffen Sie ein außergewöhnliches Ambiente, in dem Sie geschickt Aspekte Ihrer Arbeit mit solchen Ihrer persönlichen Interessen verbinden. Denken Sie daran, daß nichts zu außergewöhnlich sein kann, um Sie selbst und andere zu inspirieren und zu begeistern. Durch außergewöhnliche Akzente entwickelt Ihr Büro eine Aura des Besonderen, und Sie werden zum Trendsetter im positiven Sinne. Man wird sich an Ihnen orientieren, weil Sie als leuchtendes Beispiel fungieren und nicht weil Sie es darauf anlegen. Menschen mit wahrer innerer Stärke und einem natürlichen Charisma sind auf den Beifall der anderen nicht angewiesen – sie sind ihrer eigenen Persönlichkeit treu, unabhängig von Trends und Modeströmungen.
Zur Unterstützung der Ruhm-Energie sollten Sie sich bevorzugt in Ihre 1. Kua-Richtung (siehe Seite 79) orientieren.

Die Anwendung des Bagua in der Praxis

Ein Bagua läßt sich immer für den Gesamtgrundriß einer Firma aktivieren (jede Etage extra), aber auch für jeden beliebigen Einzelraum. In Obergeschoßen gilt der oberste Treppenabsatz als Eingang, unabhängig davon, ob sich dort eine Tür befindet oder nicht. Und selbst am Schreibtisch existiert ein eigenes Bagua (siehe Seite 64 ff.).

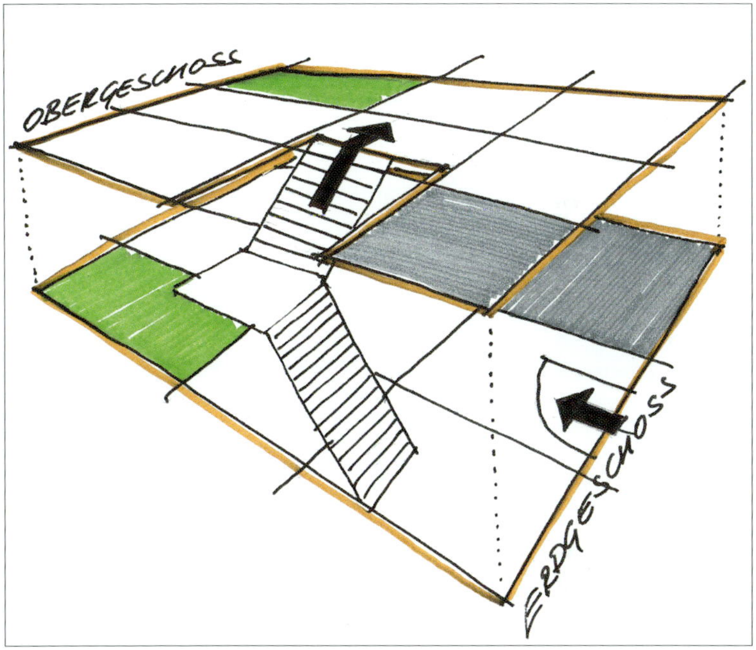

Im Obergeschoß wird die Treppe als Eingang betrachtet. Je nach Eintrittsrichtung in das Geschoß kann sich das Bagua gegenüber dem Erdgeschoß drehen.

Alle Felder des Bagua sollten innerhalb der eigenen vier Wände liegen und auch nutzbar sein. Ein außenliegendes, öffentliches Treppenhaus beispielsweise gilt als Fehlzone, ebenso eine Terrasse oder ein freier Luftraum. Je unregelmäßiger die

Grundrißform der Räumlichkeiten ist, um so unruhiger und bewegter wird sich vermutlich Ihr Berufsalltag (beziehungsweise das Schicksal Ihres Unternehmens) entwickeln. Auch hier zeigt sich, daß sich die innere Unruhe im äußeren Erscheinungsbild widerspiegelt. Das Bagua gibt Ihnen

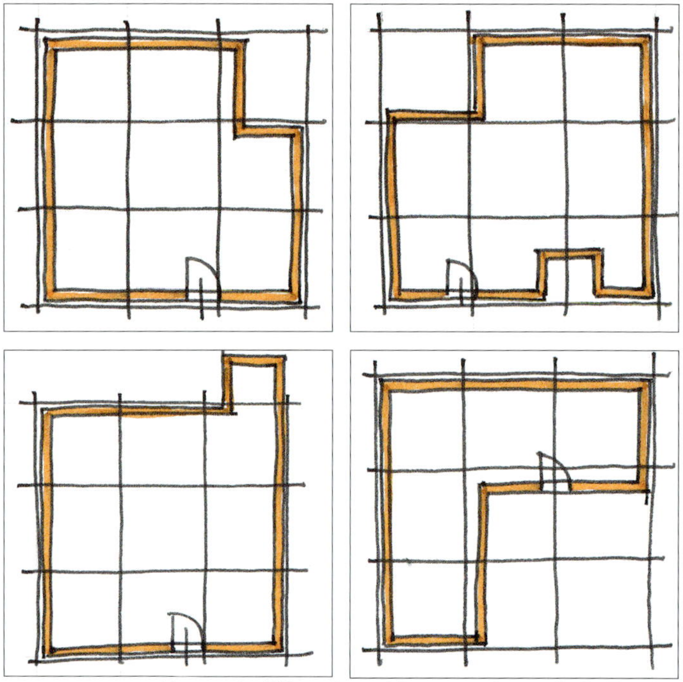

Unregelmäßige Grundrisse werden auf ein Rechteck ergänzt und danach gedrittelt. Bei unvollständigen Grundrissen liegt ein Fehlbereich vor, kleinere Vorbauten gelten als hilfreiche Erweiterung.

nun Auskunft darüber, welche Aspekte speziell analysiert und verbessert werden sollten. Bei Gebäuden mit Einschnitten entsteht in der fehlenden Zone ein Energiemangel, der sich entweder über die Mitarbeiter oder generell im Firmengeschehen als Defizit bemerkbar macht. Legen Sie das Bagua über den Grundriß, und stellen Sie fest, welcher Aspekt geschwächt ist.

Auch der umgekehrte Fall ist möglich, nämlich daß eine kleine Erweiterung vorliegt, zum Beispiel ein Erker, die die betroffene Zone besonders aufwertet. Eine solche „hilfreiche Erweiterung“ zeugt von einer besonderen Stärke oder Fähigkeit.

Um festzustellen, ob ein Fehlbereich oder eine hilfreiche Erweiterung vorliegt, können Sie die **50-%-Regel** anwenden: Ragt ein Gebäudeteil in seiner Länge oder Breite um 50 % oder mehr über den Rest hinaus, so gilt der entstehende Freiraum als Fehlbereich. Dieser erzeugt einen Mangel im zugeordneten Bagua-Aspekt, der mit geeigneten Maßnahmen (siehe Seite 44 ff.) ausgeglichen werden kann. Wenn der Teil in seiner Länge oder Breite also unter 50 % des Kerngebäudes vorragt, handelt es sich um eine förderliche Erweiterung. Diese liegt außerhalb des Bagua und braucht daher nicht ausgeglichen zu werden. Nicht berücksichtigt werden außenliegende Betriebsteile, wie Garagen, externe Lager oder Terrassen.

Übung: Vervollständigen Sie mit Buntstift die nachfolgenden Grundrisse, und zeichnen Sie das Bagua ein (Auflösung auf Seite 152).

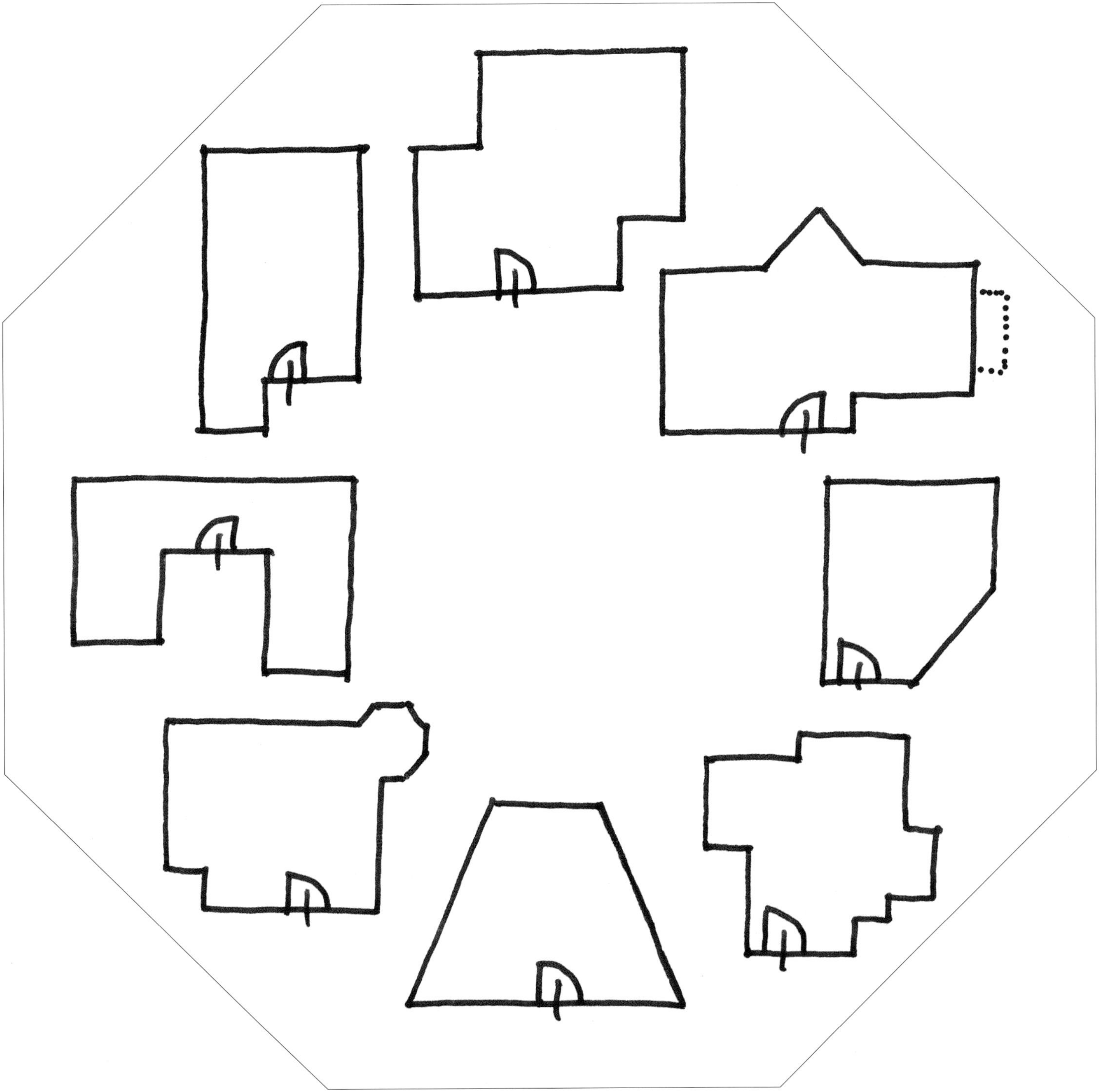

Es liegt in der Natur der Sache, daß die Größe der Bagua-Zonen nicht exakt den Raumgrößen entspricht. Dies hat jedoch keine allzugroße Bedeutung, außer daß sich das betreffende Bagua-Feld über mehrere Räume erstreckt und somit von den Eigenschaften der verschiedenen Räume geprägt wird.

Die beste Nutzung eines Raumes ist als Arbeitsraum oder zumindest als häufig von Menschen benutzter Raum. Stau- und Abstellzonen gelten als Stagnationsgebiete und sollten daher in Relation zu den Arbeitsräumen nicht zuviel Platz einnehmen (maximal 10 bis 15 % der Gesamtfläche). Wenn Ihr Firmengebäude viele Nebenräume aufweist, sollten Sie diese durch Yang-Energie ausgleichen (siehe Seite 97 ff.).

Eingänge

Sollte der Eingang zu Ihrer Etage oder Ihrem Büro nicht an der Grundlinie liegen, so ist zunächst die unvollständige Form zu komplettieren, um ein vollständiges Bagua zu erhalten. Geprägt wird die Ausrichtung des Bagua von der Richtung, aus der das Chi in die Etage einströmt, gleichgültig ob die Tür wirklich auf der Grundlinie liegt oder weiter innen.

Eine Ausnahmesituation liegt vor, wenn der Eintretende direkt gegenüber der geöffneten Eingangstür auf eine Mauer zuläuft, die ihn zwingt, schon auf der Schwelle seine Bewegungsrichtung zu ändern. In solchen Fällen (Mauerabstand 120 cm oder geringer) dreht sich das Bagua in die tatsächliche Bewegungsrichtung. Gleiches gilt bei Treppenaufgängen, wenn diese direkt auf eine Mauer zulaufen.

Viele Geschäftslokale, aber auch Büros weisen Schrägeingänge auf. Bei Winkeln ungleich 45° denken Sie sich die Eingangstür zur näheren Wand hingedreht. Bei Schrägstellungen von exakt 45° zu den Wänden gilt, daß die dem Hauptenergiestrom zugewandte Mauer als Eintrittswand des Bagua zu betrachten ist, so daß der Gehsteig, der Flur, das Treppenhaus oder der Aufzug die Richtung festlegen.

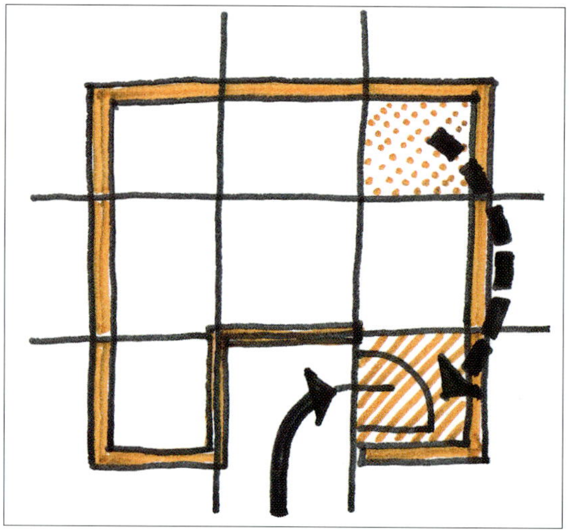

Eine Mauer oder ein anderes Hindernis knapp gegenüber der Eingangstür zwingt die Energie und somit das Bagua zum Drehen.

Die Einsatzbereiche des Bagua

Je harmonischer der Grundriß ist, beispielsweise ein Rechteck oder Quadrat, um so ausgeglichener und stabiler ist Ihr berufliches oder betriebliches Fundament. Stark zerklüftete und unruhige Grundrißformen deuten auf ein unruhiges Klima hin, was nicht unbedingt ein Nachteil sein muß – sofern Sie mit dieser Lebendigkeit umgehen können. Ein flexibles und innovatives Unternehmen wird sich möglicherweise auch auf Dauer in solch einem unruhigen Umfeld wohlfühlen und entfalten können. Menschen, für die sich nichts schnell genug verändern kann, sind hier bestens aufgehoben.

Alle Besonderheiten des Grundrisses können unterschiedliche Auswirkungen haben – je nachdem, wie Sie darauf reagieren. Dennoch sagt die Form allein noch nicht allzuviel aus, denn möglicherweise haben Sie schon intuitiv die eine oder andere ausgleichende Maßnahme gesetzt. Um Mißverständnisse beim Einsatz des Bagua zu vermeiden, sollen die zwei wichtigsten Anwendungsmöglichkeiten hier noch einmal zusammengefaßt werden:

1. Das Bagua zeigt Ihnen, ob ein Fehlbereich oder eine hilfreiche Erweiterung vorliegt. Es gibt Auskunft über mögliche Defizite oder Talente und Stärken. Ein Fehlbereich im Karriere-Feld könnte beispielsweise bedeuten, daß Sie auf der Suche nach einer neuen Orientierung in Ihrem Leben sind. Und ein Einschnitt im Bereich Reichtum könnte eventuell finanzielle Probleme ankündigen. Wie übrigens auch ein WC in der Reichtum-Ecke auf Geldverlust durch das abfließende Wasser hindeuten könnte. Fehlbereiche lassen sich ausgleichen, hilfreiche Erweiterungen brauchen im Normalfall nicht behandelt zu werden.
2. Immer wenn eine Bagua-Zone zwar im Grundriß vorhanden ist, aber nicht genutzt wird oder lediglich als Abstellraum dient, könnte diese Mindernutzung – ähnlich einem nicht genutzten Muskel – zu einer energetischen Unterversorgung führen. Die Folge wäre wie bei einem Fehlbereich eine Schwächung des betroffenen Bagua-Aspektes. Auch hier kann durch aktivierende Maßnahmen ausgeglichen werden.

Achten Sie beim Einsatz des Bagua darauf, daß niemals eine konkrete Vorhersage über die bevorstehenden Ereignisse gemacht werden kann. Zu viele Komponenten spielen zusammen, und außerdem reagieren alle Menschen unterschiedlich. Deshalb sind Aussagen wie „Wenn Sie hier nicht schleunigst ausziehen, werden Sie in Konkurs gehen“ oder „Kein Wunder, daß Ihnen immer alle Mitarbeiter davonlaufen, bei dieser schwachen Partner-Ecke“ hinfällig. Dies wäre nicht nur äußerst unseriös, sondern könnte Ursache für eine selbsterfüllende Prophezei-

Es ist nicht genug zu wissen, man muss auch anwenden; es ist nicht genug zu wollen, man muss auch tun.

Johann Wolfgang von Goethe

ung sein. Richtig angewendet hingegen kann das Bagua Ihnen auf wunderbare Art helfen, mehr über sich selbst und über in Ihnen schlummernde Chancen zu erfahren. Sie werden außerdem verblüfft sein, wie sehr sich die Situation des Arbeitsplatzes auch zu Hause im privaten Umfeld wiederholt.

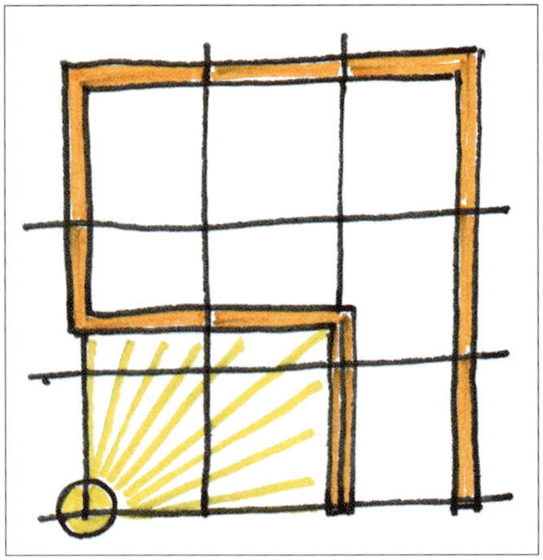

Ein Fehlbereich kann durch eine Lichtquelle im Garten ausgeglichen werden.

Fehlbereiche erfolgreich ausgleichen

Im folgenden sollen einige der meistverbreiteten Möglichkeiten, Grundriß-Abweichungen von der Rechteck- oder Quadratform auszugleichen, gezeigt werden:
Das naheliegendste Mittel, um ein Defizit auszugleichen, ist das Anbringen eines Zubaus, der den fehlenden Teil wettmacht. Dies erspart Feng-Shui-Reparaturen, ist allerdings nur selten möglich. Dennoch: Wann immer Sie eine Erweiterung planen, sollten Sie die Ecke mit dem Fehlbereich für einen Zubau als erste in Betracht ziehen.
Eine andere Möglichkeit, Fehlbereiche abzuschwächen, wäre, mit Licht oder einer anderen attraktiven Lösung durch Kunstwerke, Wasser, Fahnen oder Pflanzen an der fehlenden Ecke für eine Energetisierung zu sorgen. Lassen Sie das Licht in die Richtung des Gebäudes leuchten und somit den Fehlbereich auffüllen.

Sie betreiben hiermit „Akupunktur im Gelände".
Wenn Sie das Gebäude lediglich gemietet haben, veranlassen Sie den Bauherrn zu einer geeigneten Gartengestaltung (Buchtip, siehe Seite 152). Sie wird in seinem eigenen In-

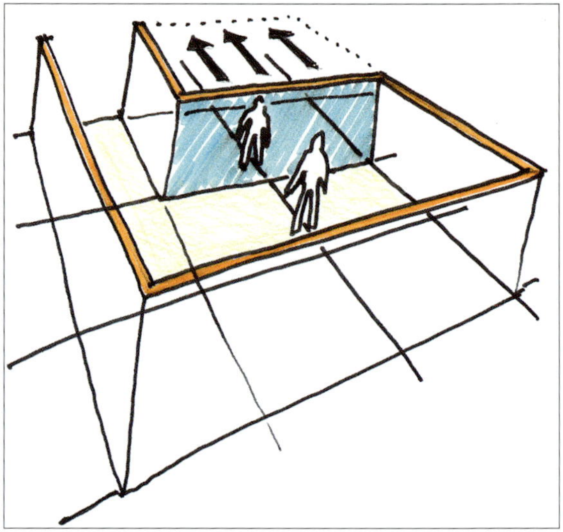

Ein Spiegel „öffnet" die Wand zum Fehlbereich und sorgt von innen für Ausgleich.

teresse erfolgen – er wird mit seinen Mietern viel beständiger und glücklicher zusammenarbeiten.
Egal in welcher Etage Sie sich befinden und ob das Grundstück oder die Hausmauer außen für Sie erreichbar ist: An der Innenseite Ihres Objektes können Sie je-

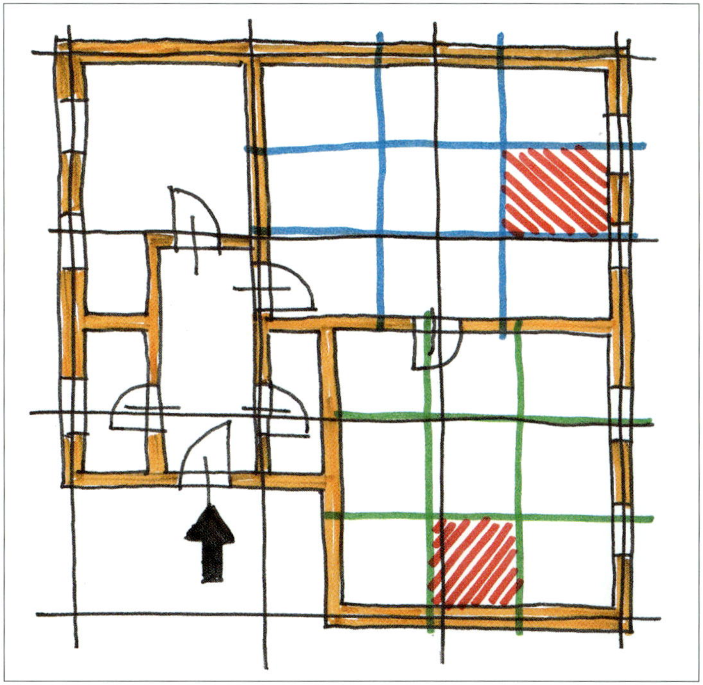

Auch einzelne Räume können mit Hilfe des Bagua-Rasters analysiert werden.

derzeit mit energetisierenden Maßnahmen arbeiten. Bringen Sie an einer oder an beiden Wänden, die den Fehlbereich begrenzen, einen Spiegel an, d. h. „öffnen" Sie diesen Raum optisch. Auch Bilder oder eine Wandgestaltung, die den Raum scheinbar erweitert, erzeugen denselben Eindruck. Ihr Auge wird den Raum als tief empfinden.

Als Alternative zu den genannten Ausgleichsmöglichkeiten steht Ihnen noch der einzelne Raum zur Verfügung. Aus der Akupunktur wissen wir, daß jedem Organ und Körperteil verschiedenste Resonanzpunkte an ganz unterschiedlichen Stellen zugeordnet sind. Auch innerhalb Ihres Unternehmens zeigen sich die großen Fehlbereiche wieder in den kleinen zugeordneten Problemzonen. Wenn beispielsweise die Partnerschaft-Ecke rechts hinten eine große Fehlzone aufweist, dann gelten alle „kleinen" Partnerschaft-Ecken der einzelnen Büros, Arbeits- und Besprechungsräume als damit verbunden. Dementsprechend können Sie in beliebigen Räumen Maßnahmen zur Aktivierung des Partnerschaft-Bereichs setzen, was förderlich auf das Gesamtthema „schwache Partner-Ecke" der Firma zurückwirkt. Wie im kleinen, so im großen – diese Feststellung bewahrheitet sich auch hier. Übrigens läßt sich diese Methode auf jede beliebige Bagua-Zone übertragen.

Sehr vielfältig sind die möglichen Maßnahmen und Hilfsmittel zum Ausgleichen von Defiziten und zum Aktivieren des Bagua in einzelnen Räumen.

Feng-Shui-Hilfsmittel für Ihren Erfolg

Jedes der folgenden Hilfsmittel unterstützt Sie dabei, mehr Chi in Ihr Umfeld zu bringen. Diese Auflistung ist als Anregung zu sehen, die Sie auf eigene Ideen bringen soll.

© Art Aqua

Wasserobjekte gelten als eine der besten Methoden zum Anheben der Raumenergie.

Wasser

Wasser ist die Grundlage biologischen Lebens, auch der Mensch besteht zu 70 bis 80 % aus Wasser. Daher hat Wasser für uns eine starke Anziehung, die von jeher auch in der Architektur eingesetzt wurde. Herrschaftssitze und Schlösser hatten schon vor Jahrhunderten einen Springbrunnen, auch heute errichten viele Unternehmen wieder Wasserobjekte vor oder in ihren Gebäuden.

Da gesundes und sauberes Wasser morphogenetisch mit Leben und Gedeihen zu tun hat, stellt es auch im Feng Shui eine unerschöpfliche Quelle des nährenden Chi dar. Wasser erhöht die Raumenergie durch Erzeugung der lebensnotwendigen Negativ-Ionen, und es soll auch den finanziellen Fluß unterstützen. Daher wünschen sich immer mehr Menschen ein Wasserobjekt im Wohn- oder Arbeitsbereich. Dieses hat beruhigende und ausgleichende Wirkung und kann helfen, Streß abzufangen. Außerdem kann das sanfte Plätschern Hintergrundlärm, etwa von einer stark befahrenen Straße oder von Gesprächen der Mitarbeiter in einem Großraumbüro, erträglicher machen. Zudem wirkt ein Brunnen als Luftbefeuchter und Staubfilter. An der richtigen Stelle angebrachte, in der Größe zum Raum passende und gepflegte Wasserobjekte gelten zu Recht als Glücksbringer. Auch Aquarien, Wasserschalen oder Bildmotive mit Wasserlandschaften bzw. Wasserfällen können die Raumenergie anheben.

Licht

Licht steigert die Yang-Kraft in einem Raum. Wo zuwenig Licht ist, wird nicht nur die Stimmung der Mitarbeiter sinken, sondern mit ihr auch die Arbeitsleistung. Achten Sie daher auf helle und praktische Raumbeleuchtung, die beim Arbeiten nicht blendet und alle Raumbereiche, auch die Ecken, gut ausleuchtet. Dies ist keine Energieverschwendung, sondern eine effiziente Methode, um sämtliche Raumzonen zu energetisieren. Denn bei zu geringem Lichtangebot reduzieren sich die Energieflüsse, und Stagnation und Widerstände nehmen überhand. Sparen an der falschen Stelle kann fatale Folgen haben – bedenken Sie vor allem, daß jeder unterversorgte Raumabschnitt wiederum eine bestimmte Bagua-Zone blockiert.

© Petra Spiola

Gute Beleuchtung sorgt für harmonische Stimmung.

Selbstverständlich sollte ausreichend Sonnenlicht zur Verfügung stehen, denn wo dieses fehlt, muß zur Vermeidung von Stagnation entsprechend kompensiert werden: durch Farben, Spiegel, künstliche Beleuchtung und andere stimulierende Elemente. Die Folge davon: Die Mitarbeiter fühlen sich schlapp, ausgebrannt und überfordert. Sorgen Sie daher für ein tageslichthelles Umfeld, Sie und Ihre Mitarbeiter werden es durch erhöhte Leistungsfähigkeit und verbesserte Stimmung wahrnehmen.
Ein Spot an der Decke vor dem Schreibtisch stimuliert Gehirn und Energie. In Großraumbüros sollte eher eine Stufe zu hell gewählt werden, in Einzelbüros ist dagegen weiches Licht vorzuziehen. Außerdem sollte es bei Bedarf möglich sein, zusätzliche Lichtquellen einzuschalten.

Farben

Farben gelten neben Licht als die wichtigsten Feng-Shui-Werkzeuge. Ein neuer Wandanstrich, bunte Gardinen oder ein frischer Sitzüberzug – schnell und einfach läßt sich mit veränderten Farben stimmungsvolle Raumenergie erzeugen.
Leider herrscht generell in unseren Breiten viel zuwenig Mut zur Farbe. Dabei haben wir alle schon erlebt, wie positiv sich Räume durch Farbe verändern können. Insbesondere Arbeitsräume gelten als die am meisten vernachlässigten Bereiche und könnten von etwas mehr Farbigkeit sehr profitieren.
Räume sollten je nach darin zu verrichtender Arbeit mehr nach Yang (aktiv, anregend) oder Yin (ruhig, kontemplativ) ausgerichtet werden. Rot, Orange und knallige Gelbtöne gelten als Yang-stimulierend, während alle anderen Farben eher zur ruhigeren Kategorie zählen. Ein Büro gänzlich in den Modefarben Grau oder Anthrazit mag aus ästheti-

Wenn du Menschen bewegen willst, nutze die Natur und die Kunst.
Helmut Weyh

scher Sicht sehr schön anzusehen sein, die langfristige Wirkung eines solchen Raumes aber wird Sie wenig begeistern. Ein solches Übermaß an Yin-Energie läßt Aktivität, Einsatzbereitschaft, Ideen und Dynamik einschlafen. Es fehlt die Lebendigkeit, die durch Rot, Gelb oder Orange erreicht wer-

Mit Mut zur Farbe läßt sich kostengünstig Unglaubliches erreichen.

den könnte. Aber schießen Sie nicht über das Ziel hinaus, ein Übermaß an stimulierender Farbe kann zu Hektik, Streit oder Konzentrationsfehlern führen.

Neben dem harmonischen Ausgleich von Yin und Yang können Farben nach den Fünf Elementen bestimmten Himmelsrichtungen und Elementen zugeordnet werden (siehe Seite 109 ff.). Je nachdem, ob Sie persönliche Eigenschaften verstärken (siehe Seite 136 ff.) oder einfach den Raum nach der Himmelsrichtung fördern möchten, können Sie aus der nebenstehenden Tabelle die jeweils stimmigen Farben ableiten.

Angenommen Sie möchten einen nach Osten gelegenen Raum aktivieren (unabhängig davon, welche Funktion er hat), dann gehen Sie wie folgt vor:

Holz ist das Element des Ostens, es wird von Wasser genährt. Die Farben von Wasser sind Blau und Schwarz, die von Holz ist Grün. Umgeben Sie sich also in dem betreffenden Raum mit vielen Grün- oder Blautönen, etwa als Wandfarbe, Teppich, Vorhang oder Stuhlbezug, auch große und gesunde Pflanzen stärken das Holz-Element. Zimmerbrunnen oder Bilder mit Wassermotiven bieten sich ebenfalls an.

Nach Belieben kann man auch eine Prise Schwarz, etwa als Schwarz-Weiß-Poster, in den Raum einbringen, obwohl generell zuviel

Schwarz den Raum düster macht. Achten Sie immer auf eine vernünftige Balance aller Elemente. Mein Tip: **Räumen Sie stets auch allen anderen Elementen etwas Platz ein, dies fördert Ganzheit und sichert einen harmonischen Energiefluß** – und wählen Sie die Farben Ihres Büros nach Ihrem Geschmack. Dunkle Farben wirken bedrückend – greifen Sie daher zu hellen, belebenden Farbtönen. Haben Sie Mut zu lebhaften Farbakzenten, die Kreativität und Produktivität anregen. Mehr zum Einsatz von Farbe finden Sie auf Seite 103 ff.

Farben, die die Elemente stärken

Elemente/ Himmelsrichtungen	Holz/ Osten	Feuer/ Süden	Erde/ Zentrum	Metall/ Westen	Wasser/ Norden
Eigenfarbe	Grün	Rot	Gelb	Weiß	Schwarz/Blau
Wird gefördert durch	Wasser/ Schwarz oder Blau	Holz/ Grün	Feuer/ Rot	Erde/ Gelb	Metall/ Weiß
Gute Farbkombination	Schwarz oder Blau mit Grün	Grün mit Rot	Rot mit Gelb	Gelb mit Weiß	Weiß mit Schwarz oder Blau

Möbelanordnung

Die tollsten Möbelstücke und die schönsten Farben entfalten ihren harmonischen Einfluß nur dann positiv, wenn die richtige Placierung der Möbel innerhalb des Raumes gewählt wurde.

Achten Sie bei allen Planungs- und Umgestaltungsmaßnahmen zunächst auf das menschliche Bedürfnis nach Stabilität und Geborgenheit. Menschen, die in Räumen mit ungünstig angeordneten Möbeln arbeiten, verlieren Energie. Leider gibt es für solche Phänomene noch keine Meßgeräte, erst Folgeerscheinungen, wie Gereiztheit, Motivationslosigkeit oder Leistungseinbrüche, machen auf die unvorteilhafte Möbelanordnung aufmerksam. Selbst diese Warnsignale werden im Regelfall nicht erkannt, da erst wenige Führungskräfte ausreichend Bescheid über die Kraft des Arbeitsplatzes wissen.

Wählen Sie wann immer möglich den Powerspot des Raumes als Arbeitsplatz (siehe Seite 58 ff.), orientieren Sie sich in eine Ihrer förderlichen Richtungen (siehe Seite 71 ff.), und placieren Sie Ihren

Schreibtisch so, daß Sie keine aggressiven Mauer- oder Möbelkanten im Rücken haben, da sie Energie abziehen. Vermeiden Sie wenn möglich alle störenden Elemente in Ihrem Umfeld (siehe Seite 60 ff.). Die Farben, Möbel und Teppiche, die Anordnung der Möbel und das Licht in Ihrem Büro sollten dem Eintretenden einen freundlichen Empfang bereiten.

© Petra Spiola

Der Versuch, sich einen Kraftplatz zu schaffen: Schränke im Rücken, Pflanze links im Fenster, vorstehende Regale bringen seitlichen Schutz, und der Arbeitsplatz davor ist praktisch unbenützt.

Spiegel

Spiegel können enge Räume optisch öffnen und vermitteln somit das Gefühl von Weite, ein Umstand, der zum Ausgleichen von Fehlzonen benutzt werden kann (siehe Seite 44 ff.). Spiegel leiten Licht und förderliche Schwingungen aus einem positiven Umfeld in dunkle Raumbereiche. Sie wirken sich somit auch auf den finanziellen Erfolg aus. Wenn Sie vom Fenster aus Blick auf Wasser oder eine schöne Landschaft haben, könnten Sie einen Spiegel aufhängen, um diese energiereiche Aussicht in den Raum zu holen. Spiegel beruhigen auch den Geist und schaffen eine entspannte Atmosphäre. Sie werden im Feng Shui aber auch noch für andere Zwecke eingesetzt: Am Schreibtisch können Sie jenen Mitarbeitern, die mit dem Rücken zum Raum oder zur Tür sitzen, (wie beim Auto) zu Übersicht und mehr innerer Stabilität verhelfen. Weiters gelten Spiegel als wunderbare „Energielochstopfer", das soll heißen, daß sie beispielsweise an WC-, Abstellraum-, Kellertüren und Hinterausgängen den Energieverlust stoppen. Das trägt zu einer besseren Nutzung der betrieblichen Ressourcen bei, es geht ganz einfach weniger Energie den „Bach hinunter".

Konvexspiegel sind besonders geeignet, schwächende Sha-Energie, das ist Energie, die etwa durch eine auf das Haus zulaufende Straße oder eine die Tür beeinträchtigende Hausecke von gegenüber entsteht, abzuwehren. Sie sollen an der Außenseite der Tür angebracht werden, um die von außen einströmende, aggressive Energie gleich wieder zu zerstreuen. Glänzende Zierelemente, wie etwa leicht gebauchte Firmen- oder Namensschilder, sind dafür geeignet, auch Folienbeschichtungen auf Fenstern haben dieselbe Wirkung.

Auch Hochhäuser mit Spiegelfassaden strahlen stark in ihre Umgebung ab – ein Effekt, der nicht nur förderliche Auswirkungen hat.

© Petra Spiola

Die unauffällige Spiegelkugel (neben der Kaffeetasse) verhilft Ihnen zu Übersicht, wenn Sie mit dem Rücken zur Tür sitzen.

In Asien werden in Geschäften häufig Spiegel hinter der Kassa angebracht, um Kunden in verstärktem Maß anzuziehen. Damit wird jeder Geldschein symbolisch verdoppelt.

Gebrochene oder geteilte Spiegel, z. B. Spiegelfliesen, sollten niemals im unmittelbaren Arbeitsbereich angebracht werden, da sich der Betrachter vor einem solchen Spiegel zerteilt wahrnimmt. Solche Spiegel üben somit schwächenden Einfluß auf die Mitarbeiter aus.

© Petra Spiola

In diesem Restaurant sorgen Spiegel bei jenen, die mit dem Rücken zum Gang sitzen, für ein sicheres Gefühl.

Ein bekannter Architekt saß jahrelang vor einem solchen zerhackenden Spiegel-Kunstwerk. Er galt bei seinen Kunden und Mitarbeitern als sehr schwieriger Zeitgenosse, und viele seiner Projekte nahmen einen mühsamen Verlauf – bis er sich endlich von seinem Spiegel trennte.

Klang & Musik

Lärm macht krank. Haben Sie sich schon einmal bewußt mit der Klangkulisse Ihres Arbeitsplatzes auseinandergesetzt? Während ich diese Zeilen schreibe, höre ich das leise, aber doch störende Brummen meines Notebooks, durch das geöffnete Fenster dringt das frühlingshafte Zwitschern der Vögel. Was davon nehme ich wahr? Die wohltuenden Naturgeräusche. Nicht jeder aber hat das Glück, einen Garten vor dem Fenster zu haben, dennoch sollte uns diese Erfahrung Anregung zu einer bewußten „Klanggestaltung" des Arbeitsplatzes sein.

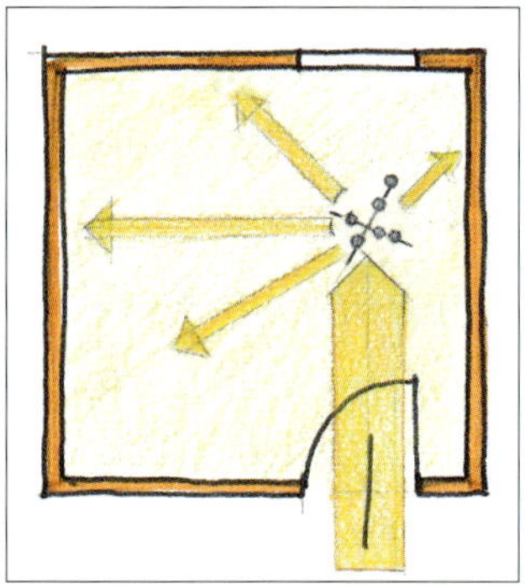

Ein Klangspiel, Mobile oder Regenbogenkristall bremst und zerstreut den Energiefluß und kann den Chi-Verlust zwischen Tür und Fenster unterbinden.

Klang ist Schwingung, und diese beeinflußt uns – ob wir wollen oder nicht. Daher reduzieren Sie zunächst alle Störgeräusche so weit wie möglich. Schallschutzfenster, das Abschalten plärrender Radios und die Wahl geräuscharmer Arbeitsgeräte sollten mittlerweile zum Standard zählen. Dennoch ergeben sich in einem Arbeitsumfeld vielfältigste Geräusche, die sich nur sehr schwer oder gar nicht vermeiden lassen. In einem Großraumbüro etwa müssen alle Mitarbeiter die Gespräche der Kollegen mithören. Dies ist oftmals sogar erwünscht, doch welche Langzeitwirkungen dabei auftreten können, wird geflissentlich übersehen. Lärmdämpfende Maßnahmen, wie Teppiche, Wandteppiche und Textilien oder beispielsweise das Umstellen schriller Telefon-Klingeltöne auf sanfteres Läuten, würden bereits eine große Entlastung des Alltags bringen.

Durch Zimmerbrunnen (sanftes Plätschern im Hintergrund) und spezielle Musik (Alpha-Wellen erzeugende Musik, Buchtip, siehe Seite 152) sollte eine aufbauende Stimmung erzeugt werden. Im klassischen Feng Shui eingesetzte Klangspiele sind ebenfalls geeignet, beim Öffnen der Tür den Eintretenden willkommen zu heißen und gleichzeitig ein Signal an die im Raum befindlichen Leute zu geben, daß ein Gast eintritt. Klangspiele mit großen Röhren erzeugen im hohlen Rohr eine nach oben aufsteigende Energiebewegung, sie sind daher bestens geeignet, vor großen Fensterflächen oder auch in langen Fluren, oder wenn Türen und Fenster einander gegenüberliegen, Energieverluste aus horizontaler Abstrahlung abzufangen.

DNS-Spirale

Die DNS-Spirale, das Abbild der menschlichen Erbstruktur, ist ein sehr modernes Feng-Shui-Werkzeug. Da sie starke Lebendigkeit in ihr Umfeld abstrahlt und die meisten Men-

© Petra Spiola

Eine DNS-Spirale am Arbeitsplatz steigert die Leistungsfähigkeit und inspiriert zu neuen Gedanken.

schen fasziniert, kann sie einem Arbeitsplatz einen sehr inspirierenden „Kick" geben. Die Energiesteigerung macht sich sogar bei Pflanzen bemerkbar, die in der Nähe der Spirale mit verstärktem Wachstum reagieren. Die DNS-Spirale entfaltet an jeder Stelle des Raumes ihre Wirkung, sowohl an der Decke als auch am Schreibtisch, auf einer speziellen Halterung befestigt.
Außer zur Energetisierung von Arbeitsräumen ist die DNS-Spirale auch zum Zentrieren des Grundrisses (siehe Seite 32 ff.), zum Stoppen von Energieverlusten, beispielsweise bei Fenster-Tür-Oppositionen, und zum Bremsen von zu schnell fließender Energie in langen Fluren geeignet.

Pflanzen

Jede gesunde Pflanze kann die Raumenergie fördern, sofern ausreichend Platz vorhanden ist und sie regelmäßig gegossen und gepflegt wird. Aus neuesten Forschungen wissen wir, daß auch Pflanzen Träger von Bewußtsein sind (Buchtip, siehe Seite 152) und daher auf Menschen Einfluß ausüben. Bekanntlich gibt es Menschen mit dem „grünen Daumen". Sie kümmern sich liebevoll um ihre Pflanzen und werden von diesen durch besonders kräftiges Wachstum belohnt. In solch grünen Räumen herrscht mehr Energie als in Räumen mit verkümmerten oder gar keinen Pflanzen. Schaffen Sie ein Bewußtsein für die Wichtigkeit von Pflanzen, und kaufen Sie sie immer selbst. Wählen Sie solche, die Sie besonders mögen, und lassen Sie auch Ihren Mitarbeitern in der Pflanzenwahl freie Hand. Die Pflanzen sollten von jedem selbst gepflegt werden – wenige Minuten Arbeit, die sich vielfach lohnen. Im übrigen tragen Zimmerpflanzen hervorragend zur

Reinigung der Raumluft von Schadstoffen bei, darüber hinaus helfen sie, die Luftfeuchtigkeit zu regulieren. Sie sind die grünen Lungen des Raumes und sollten daher regelmäßig vom Staub an den Blättern befreit werden, der ihre Poren verstopft (Pflanzentips auf Seite 106).

Bilder & Kunst

Kunst wäscht den Staub des Alltags von der Seele.

Pablo Picasso

An jedem Arbeitsplatz, und sei er noch so klein, sollte zumindest ein Bild oder ein Stück Kunst als Gegenpol zum „Ernst des Arbeitslebens" angebracht werden. Bilder und alle anderen künstlerischen Ausdrucksformen sind allerdings genauso wie alles andere Träger von Information. Sie haben einerseits die Schwingung des Motivs in sich, andererseits die Ausstrahlung und den emotionalen Zustand des Künstlers gespeichert. Dieser unsichtbare Einfluß kann je nach Objekt sowohl positive als auch negative Auswirkungen auf die Menschen haben. Hören Sie daher bei der Auswahl eines Kunstwerkes immer auf Ihre innere Stimme. Diese sagt Ihnen viel deutlicher als Ihr Verstand, was Sie von dem Werk halten sollen. Außerdem sollten Sie immer auf eine mögliche versteckte Symbolik des Motivs bedacht sein.

In der Marketingabteilung eines großen Konzerns hing hinter dem Arbeitsplatz der Leiterin ein unübersehbares Plakat mit der Aufschrift „Endangered" – kein sehr positives Signal. Als das Motiv durch ein freundlicheres ersetzt wurde, kletterte die Verkaufskurve wieder steil nach oben.

Geschwungene Formen und viele Bilder geben diesem Betrieb eine besondere Atmosphäre.

Sollten Sie bis dato zuwenig Farbe in Ihrem Büro haben, könnte ein erfrischendes Bild oder eine inspirierende Plastik für mehr „geistiges Feuer" und Esprit sorgen. Wenn Sie von Ihrem Arbeitsplatz aus auf eine trostlose Feuermauer sehen, sollten Sie ebenfalls Farbe ins Spiel bringen: Erwecken Sie durch sinnlich-künstlerische Gestaltung den Eindruck von Offenheit, oder geben Sie einer örtlichen Schulklasse die Chance, sich mit Pinsel und Farbe gehörig auszutoben. Es benötigt oftmals sehr wenig, um Freude und Strahlkraft ins Arbeitsleben zu bringen.

© Helmut Weyh

Kunst befruchtet das Arbeitsklima. Der Teppich in diesem Hotel wurde speziell zum Roy-Lichtenstein-Bild entworfen.

Mein Tip: **Suchen Sie junge, noch nicht etablierte Künstler, die bereit sind, sich mit den energetischen Auswirkungen ihrer Werke auseinanderzusetzen**. Laden Sie sie zu Kooperationen ein, etwa für Ausstellungen oder zur Gestaltung von Informationsblättern. Animieren Sie Künstler zur aktiven Mitgestaltung im Rahmen konkreter Kunstaufträge. Kunst, Design und Wirtschaft gehören untrennbar zusammen und können sich gegenseitig befruchten – schon heute wird dies von innovativen Unternehmern erkannt. Als Außenstehender kann der Künstler neue Wege aufzeigen, die erstarrte Unternehmensstrukturen zum Leben erwecken. Nutzen Sie alle Impulse der Kunst, und bringen Sie damit frischen Wind in Ihr Umfeld.

Raumteilungen

Eines der größten Probleme moderner Bürogestaltung sind der Umgang und die Planung mit extrem offenen Räumen. Waren früher kleine Büros mit ein bis drei, in Ausnahmefällen vier oder fünf Mitarbeitern belegt, geht der aktuelle Trend aus Kosten- und Transparenzgründen zu offenen Arbeitsplätzen mit Dutzenden Menschen im selben Raum. Dies widerspricht unseren grundlegendsten emotionalen Bedürfnissen nach Stabilität (siehe Seite 58 ff.).

Der Mensch ist nur sehr bedingt in der Lage, permanent mit Ablenkung vom Umfeld her umzugehen. Was wir regelrecht hassen, ist hektische Betriebsamkeit hinter unserem Rücken. Solche Arbeitsplätze täuschen eifriges Schaffen vor, doch hinter den Kulissen tickt die Zeitbombe. Konzentration und das ungestörte Verfolgen eines Gedankens werden unmöglich. Die Folge sind

Streß durch die ständigen Unterbrechungen und Schwierigkeiten, wieder in die Arbeit hineinzufinden. Die Leistung wird schwächer und oberflächlicher.

© Die Sammlung Essl

Gelungener halbtransparenter Treppenhaus-Teiler.

Ich möchte hier wiederum eindrücklich vor Sparen an der falschen Stelle warnen. Es ist untragbar, wie mit Menschen umgegangen wird, und absehbar, wohin diese Entwicklung führen wird. Lehnen Sie sich gegen den Zeitgeist auf, und schaffen Sie Arbeits- statt Frustrationsplätze. Die innere Kündigung und die immer geringere Loyalität der Mitarbeiter gegenüber ihren Kollegen (und natürlich dem Unternehmen) können nicht durch leere Versprechungen verhindert werden, sondern ausschließlich durch das Schaffen förderlicher Strukturen. Dazu gehört nun einmal auch der Arbeitsplatz.

Menschen ohne Rückhalt können auch keinen Rückhalt geben. Schaffen Sie daher zumindest die Möglichkeit zur Unterteilung und Strukturierung der einzelnen Arbeitsbereiche. Ermöglichen Sie den Einsatz von Raumteilungssystemen, die dem Bedürfnis der Mitarbeiter nach Eigenraum und Eigenrevier entsprechen. Bedenken Sie, daß uns eine Energiehülle, die sogenannte Aura, umgibt. Wird in diese eingedrungen, reagieren wir zutiefst irritiert. Kennen Sie nicht aus eigener Erfahrung Menschen, die beim Gespräch so nahe an Sie herantreten, daß Sie permanent einen Schritt zurückweichen möchten?

So klein Ihr Arbeitsplatz auch sein mag, jeder Zentimeter Eigenraum stärkt Ihr persönliches Energiefeld und gibt Ihnen das Gefühl von Individualität. Ohne Eigenraum fühlen Sie sich durch die Fülle der eindringenden Impulse überwältigt und müssen aus Überlebensgründen auf Sparbetrieb schalten. Kurzum,

Sie reduzieren unbewußt und vollkommen richtig – Sie müssen sich schließlich vor dem Burnout schützen – Ihre Wahrnehmung und Aktivität auf das absolute Minimum.

Weitere Hilfsmittel

Feng Shui bedient sich diverser Gegenstände und Methoden, um die Raumenergie anzuheben und diesbezügliche Defizite auszugleichen. Viele dieser Hilfsmittel werden individuell sein, je nach Situation und persönlichen Vorlieben. Und es hat sich gezeigt, daß von Leuten selbst gewählte Maßnahmen am unmittelbarsten und reibungslosesten wirken, schließlich entsprechen sie dem Ästhetik- und Wertempfinden des Anwenders. Darüber hinaus haben einige „klassische" Werkzeuge eine gewisse Verbreitung erlangt, diese möchte ich hier der Vollständigkeit halber kurz vorstellen, wobei ich speziell auf die im Berufsbereich anwendbaren Hilfsmittel eingehe:

Kristalle, wie beispielsweise Rosenquarze, Amethyste oder Bergkristalle, gelten als reinigend, heilend und energieanhebend. Kleine Trommelsteine (rundgeschliffene Kristalle) etwa werden von vielen Menschen in der Hosentasche oder am Körper getragen, größere Steine als Zierelemente und zum „Entstören" von Computern oder anderen Elektrogeräten verwendet. Bitte beachten Sie: Für eine sichere und problemlose Anwendung von Kristallen sollten Sie ein entsprechendes Fachwissen haben. Außerdem müssen Kristalle von den aufgenommenen Strahlen regelmäßig unter fließendem, kaltem Wasser gereinigt und am besten mit Sonnenlicht wieder aufgeladen werden.

Regenbogenkristalle, das sind geschliffene Glasbehänge, wie sie für hochwertige Luster verwendet werden, können in sonnenbeschienenen Fenstern so manche Feng-Shui-Schwäche ausgleichen. Sie spalten das Sonnenlicht in die sieben Spektralfarben des Regenbogens (daher ihr Name) und strahlen freundliche bunte Farben in die Räume. Außerdem stoppen sie den Energieverlust an Fenstern und helfen, schneidende Kanten zu entschärfen sowie in langen Fluren den Chi-Fluß zu verlangsamen (siehe Seite 84). Für diese Zwecke werden sie vor der betreffenden Kante oder an der Decke entlang der Flurmittelachse abgehängt.

Regenbogenkristalle in großen, sonnendurchfluteten Fenstern – eine einzigartige Maßnahme für mehr Strahlen und Buntheit im grauen Arbeitsalltag.

Edle **Düfte** und Essenzen können sowohl zur Reinigung des Raumes als auch zum Hervorrufen bestimmter Stimmungen eingesetzt werden. Leider „verstopfen" synthetische Duftstoffe auf Dauer die feinen menschlichen Geruchsorgane und machen uns zunehmend unsensibler für olfaktorische Einflüsse. Wählen Sie daher ausschließlich natürlich hergestellte Produkte als Ausgleich zu den Duftattacken der Reinigungs-, Kosmetik- und Genußmittelindustrie (Buchtip, siehe Seite 152).

Bewegte Objekte, wie Fahnen, Mobiles oder Ventilatoren, können stagnierende Energiezonen wie etwa ungenützte Raumecken aufwerten.

© Ana Grand Hotel, Wien

Bunte Fahnen schaffen Aufmerksamkeit und können die Ausstrahlung von Fassaden und Eingängen enorm steigern.

Der Powerspot

Welche Plätze sind Ihrer Meinung nach die begehrtesten in einem Restaurant oder Café –

1. gleich neben dem Eingang?
2. in der Mitte des Raumes?
3. weit hinten in einer Ecke mit Sicht in den ganzen Raum?

Auf diese Frage antworten die meisten wie folgt: „Also ich versuche immer, einen Platz weit hinten zu bekommen, da fühle ich mich geschützter und kann gut beobachten, was im Lokal vor sich geht und wer den Raum betritt."

Wohl 98 % der Befragten reagieren ähnlich, denn in jedem Menschen schlummert ein uralter Überlebensinstinkt. Dieser ist – wenn auch unterschiedlich stark – in allen Menschen wirksam und läßt sich auch nicht willkürlich „wegschalten". Daher ist in allen Räumen jener Platz der beliebteste, der den Rücken geschützt hält und gute Aussicht bietet, der Powerspot. Auch wenn wir uns nicht mehr in Höhlen zurückziehen: Was früher der Höhleneingang war, ist heute in unserem Unterbewußtein durch die Tür ersetzt worden.

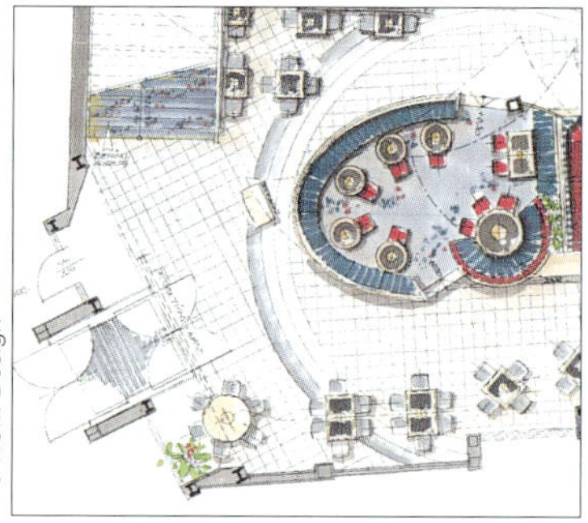

© RCM-Design

Restaurant-Sitzplätze in unmittelbarer Nähe der Tür sollten Geborgenheit bieten.

In zwei Betriebsstätten eines Textilunternehmens waren die Krankenstände unter den jeweils etwa 120 Mitarbeiterinnen auffallend unterschiedlich. Im Betrieb mit den geringen Krankenständen saßen die Näherinnen ringförmig um die in der Mitte im offenen Raum sitzende Betriebsleiterin. Die gesundheitlichen Beschwerden in diesem Betrieb lagen im Durchschnittswert aller Beschäftigten dieser Alters- und Berufsgruppe. Im Betrieb mit den zahlreichen Krankenständen saß der Betriebsleiter auf einer erhöhten Bühne und schaute von hinten auf die in langen Reihen sitzenden Frauen. Diese Mitarbeiterinnen klagten fast alle über anhaltende Nacken- und Rückenschmerzen. Nach eigenen Angaben spürten Sie den stechenden Blick des Vorgesetzten im Nacken.

Der ideale Chefplatz

Erfolgreiche Vorgesetzte scheinen unbewußt zu begreifen: Es ist wichtig, wo im Raum der Schreibtisch placiert ist. Die meisten Führungskräfte stellen ihren Schreibtisch diagonal in den Raum gegenüber der Tür, in den entferntesten Winkel des Raumes. Dies ist der absolute Powerspot, denn er erlaubt maximale Übersicht und vermittelt – wenn eine türlose Wand im Rücken ist – idealen Schutz.

Menschen mit einem solchen Arbeitsplatz fühlen sich viel eher in ihrer Mitte und können aus einer Position der Stärke

© Hali Büromöbel

Ein brauchbarer Chefplatz weit weg von der Tür, mit geschütztem Rücken und aufgeräumtem Schreibtisch. Der Hintergrund sollte eher frei sein, ein Regal dürfte daher nur sehr luftig bestückt sein und der Tisch mit etwas Abstand davor placiert.

und Sicherheit ihren Aufgaben nachgehen. Mitarbeiter, die zu nahe am Eingang oder gar seitlich oder mit dem Rücken zur Tür, zum Flur oder zu anderen Arbeitsplätzen sitzen müssen, können nur mit erhöhtem Aufwand das gleiche Ziel erreichen. Immer wieder können Feng-Shui-Experten beobachten, daß bei jenen Mitarbeitern, die mit dem Rücken zur Tür sitzen, besonders häufig Schwierigkeiten auftauchen.
Wenn Sie ein Fenster im Rücken haben, wird es Ihnen im Laufe der Zeit an Rückhalt fehlen, bei einer Tür sagt man, daß Sie es möglicherweise mit mangelnder Loyalität seitens der Kollegen zu tun bekommen.
Man fällt Ihnen gewissermaßen „in den Rücken“. In solchen Situationen läßt ein Urinstinkt kon-

stant die inneren Alarmglocken schrillen – allzuviel Aufmerksamkeit wird von der eigentlichen Arbeit abgezogen, zur Überwachung des Rückenbereiches. Die Folgen: Konzentrationsmangel, Lustlosigkeit, gesteigerte Fehleranfälligkeit, Launenhaftigkeit und in letzter Konsequenz häufigere Versetzungen oder Kündigungen. Unschätzbare menschliche Ressourcen gehen hiebei verloren.

Sollte es nicht möglich sein, den Schreibtisch am Powerspot des Raumes zu placieren, gibt es folgende Möglichkeiten, dem Problem beizukommen:

Die Position des Schreibtisches im Raum ist wesentlich für Leistung und Wohlbefinden des Arbeitenden. Spüren Sie den Unterschied?

◁ Wenn Sie verkehrt sitzen, das heißt mit dem Rücken zur Tür, kann ein Spiegel Kontrolle und somit Sicherheit verschaffen. Ideale Spiegel sind Briefbeschwerer mit Gold- oder Silberoberfläche, chromglänzende Lampenschirme, versilberte Blumenvasen oder auch reflektierende Bilderrahmen.

◁ Eine Tür außerhalb des Blickfeldes kann auch akustisch „gesichert" werden. Dazu eignet sich ein Klangspiel, das Sie nahe der Tür anbringen, um jeden Eintretenden hören zu können.

Von nun an kann Sie niemand mehr überraschen – Ihr Unterbewußtsein wird sich schnell darauf einstellen, und ab jetzt werden Sie wesentlich entspannter und konzentrierter arbeiten können.

Schreibtisch-Feng-Shui

Die Beschaffenheit Ihres Schreibtisches prägt Ihr berufliches Schicksal stärker, als Sie ahnen. Setzen Sie sich einmal bewußt an Ihren Arbeitsplatz, und beobachten Sie Ihr Umfeld. Was sehen Sie vor sich? Eine kahle Wand, eine Raumecke, ein überquellendes Bücherregal, Gerümpel?

Das Gegenüber Ihres Arbeitsplatzes entspricht Ihrer Zukunft. Was „vor Ihnen liegt", sollte demnach gezielt gestaltet werden. Es sollte anstrebenswert sein, Ihr Chi heben und Sie inspirieren. Statt auf frustrierende Bilanzkurven oder Pinwände voll unerledigter Rechnungen zu blicken, wäre es doch günstiger, ein inspirierendes Bild aufzuhängen.

Wenn Sie Ihr Arbeitsleben in Hinkunft positiv beein-

Vor Ihnen liegt Ihre Zukunft und Ihre Inspiration. Eine überquellende Pinnwand hat in Ihrem Blickfeld nichts zu suchen.

flussen möchten, sollten Sie auf eine erfreuliche Aussage und Symbolik dieses Bildes achten. Machen Sie einen Test bei Kollegen, Geschäftspartnern und Freunden. Vergleichen Sie ihre Bildwahl mit ihrer individuellen Situation. Sie werden staunen, wie häufig die Aussage des Bildes im Blickfeld der betreffenden Person eine Entsprechung im Alltag findet.

Falls Ihr Schreibtisch unmittelbar an einer Wand steht, sollten Sie sich nicht über geistige Blockaden wundern. Möglicherweise ist es Ihnen noch gar nicht bewußt geworden, aber vielleicht hat sich Ihr Leben schleichend „reduziert", seit Sie an diesem Platz sitzen?

Solche Arbeitsplätze wirken blockierend, genauso wie das sprichwörtliche Brett vor dem Kopf. Im Laufe der Zeit können Weitblick, Optimismus und Lebensfreude schwinden und Sie sich irgendwie unwohl fühlen. Viele tolle Pläne und Konzepte sind erst nach dem Umstellen eines Schreibtisches ins Rollen gekommen – „Management by Möbelrücken" sozusagen.

Falls Ihr Schreibtisch zu nah an der rückwärtigen Wand steht, kann dies das Gefühl hervorrufen, eingeklemmt zu sein. Das schmälert wiederum die geschäftlichen Aussichten und könnte für den Betroffenen ein Arbeitsleben in Kampf und Ungleichgewicht bedeuten.

Auch unmittelbar vor einer Ecke zu sitzen, kann zu Energieverlust führen. Füllen Sie die Raumecke beispielsweise mit einem Dreieckstisch, einer Vitrine oder einer gesunden, rundblättrigen Pflanze aus. Darüber hinaus tritt in Ecken das Phänomen des „Hinausgezogenwerdens" auf. Denken Sie an die klassische Bestrafung schlimmer Schüler: Sie wurden in die Ecke gestellt.

Diese Maßnahme war deshalb unangenehm, da nicht nur der Blickwinkel eingeschränkt war, sondern das gesamte Klassengeschehen hinter dem Rücken ablief. Außerdem fühlte man sich nach einer Weile gedemütigt und kraftlos, weil scharfkantige Innenraum-Ecken die Energie aus dem Raum

In einer Ecke zu sitzen, kann Energie abziehen. Runden Sie die Ecke ab, retuschieren Sie sie mit einer Pflanze, oder füllen Sie sie mit einem dreieckigen Möbelstück.

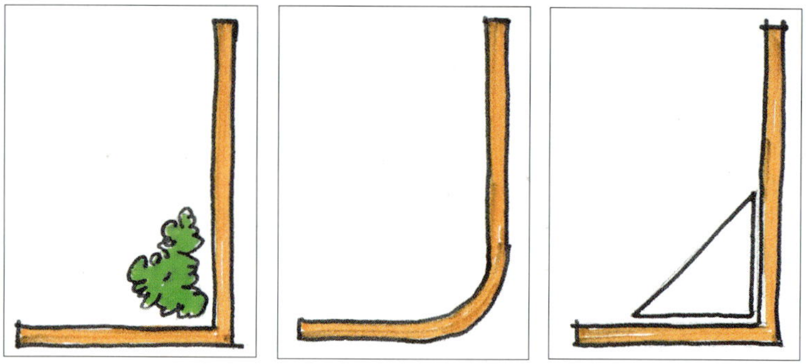

„hinaussaugen". „Abgerundete Ecken" wirken aus dieser Sicht harmonischer, denn sie halten die Energie im Raum. Daher werden Altbauräume im Vergleich zu gleich großen Neubauräumen immer als stimmiger empfunden, denn die abgerundeten Ecken und Kanten (etwa Hohlkehlen) harmonisieren den Raum und lassen das Chi freier fließen.

Kreativzone Arbeitsplatz

◁ Sitzen Sie am gleichen Tisch wie Ihr gefeuerter Vorgänger?
◁ Hatte Ihr Betrieb, bevor Sie ihn übernahmen, große finanzielle Probleme?
◁ War Ihr Vater, der vor Ihnen an diesem Tisch saß, sehr dominant?
◁ Zweifeln Sie manchmal an Ihrer Autorität?
◁ Haben Sie Identitätsprobleme?

Wenn Sie nur eine dieser Fragen mit Ja beantwortet haben, sollten Sie sich mit Ihrem Umfeld näher auseinandersetzen. Innerhalb einer Familie wiederholen sich unweigerlich immer wieder dieselben Verhaltensmuster über Generationen hinweg. Ähnlich ist es in Unternehmen, denn obwohl hier keine genetischen Bande bestehen, prägen die jeweiligen Vorgänger ein charakteristisches Muster in das unsichtbare Energiefeld des betrieblichen Gesamtorganismus.
Alles beeinflußt uns. Landschaft, Klima, Menschen, Kultur usw. Wer nichtsahnend in die Fußstapfen seines Vorgängers tritt, wird über kurz oder lang ähnliche Situationen erleben, mit denen dieser konfrontiert war. Genauso wie es unmöglich ist, die Probleme der Zukunft aus-

schließlich mit den Strategien der Vergangenheit zu lösen, ist ein freier Neustart unmöglich, wenn Sie noch in den Schuhen des Vorgängers stecken.

Haben Sie den Mut zur Veränderung. Ein neuer Ehepartner sollte beispielsweise niemals im Bett des Vorgängers schlafen, und ein neuer Arbeitsplatz – besonders der eines Chefs – sollte einen neutralen Einstieg ermöglichen: Verlegen Sie das Chefzimmer in einen anderen Raum, kaufen Sie einen neuen Tisch und einen neuen Stuhl.

So unglaublich es klingen mag: Ein Großunternehmer aus der Fahrzeugindustrie brachte sein Unternehmen erst dann auf Gewinnkurs, als er den Tisch und den Stuhl ausgetauscht hatte, der ihm von seinem in den Konkurs geschlitterten Vorgänger überlassen worden war.

Sollte eine Neumöblierung nicht möglich sein, entfernen Sie sämtliche „Souvenirs" des Vorgängers, und belegen Sie den Raum oder zumindest den Schreibtisch mit Ihren eigenen Utensilien. Verändern Sie Ihr Umfeld so lange, bis es Sie zufriedenstellt. Geben Sie nicht auf, jede Störung ist ein Zeichen von Disharmonie. Diese wirkt täglich sechs, acht oder mehr Stunden auf Sie ein, geben Sie sich also nicht mit Kompromissen zufrieden, und investieren Sie nötigenfalls ein wenig aus der eigenen Tasche. Ermutigen Sie auch Ihre Kollegen, aus der Kreativzone Arbeitsplatz Feng-Shui-gemäß das Beste zu machen.

Und noch etwas: In jedem Büro sollte in einer ruhigen Ecke eine Entspannungsliege vorhanden sein. Das kurze Mittagsnickerchen wird nämlich immer mehr als Jung- und Kreativitätsbrunnen wiederentdeckt. Und wenn Sie Ihrem

Eine bequeme Ruheliege sollte in keinem Büro fehlen.

Körper rechtzeitig gönnen, was er braucht, wird er es Ihnen vielfach danken. Nach solch einer Mittagsruhe sind Sie frischer und um ein Vielfaches leistungsfähiger. Stellen Sie das Telefon zu einem Kollegen durch, und kultivieren Sie dieses kleine „Betriebsgeheimnis". Denn müde und ausgelaugt am Schreibtisch die Arbeitszeit abzusitzen, kann nicht im Sinne des Unternehmens sein.

Aktiv-Passiv

Unterteilen Sie Ihren Arbeitsplatz in eine Aktiv- und eine Passivzone. Die unmittelbar vor Ihnen liegende Arbeitsfläche sollte die Aktivzone sein und immer so frei und aufgeräumt wie möglich bleiben. Räumen Sie diesen Platz spätestens nach einem hektischen Arbeitstag frei, um den nächsten Morgen wieder in einem neutralen Umfeld beginnen zu können. Zur Schaffung von Ablageflächen sind Beistelltische, niedere Schränke oder Regale besonders geeignet.

Der Aktivteil des Tisches sollte immer so frei und unangeräumt wie möglich bleiben. Nutzen Sie die Passivzone der seitlichen Tischfläche für Hilfsmittel und Unterlagen.

Konzentriertes Arbeiten ist nur dort möglich, wo Störungen weitestgehend ferngehalten werden. Jeder unerledigte Akt, jedes Blatt Papier ist Träger von Information und lenkt Sie von Ihrer konzentrierten Arbeit ab.

Schreibtisch-Bagua

Auch auf Ihrem Schreibtisch existiert ein eigenes Bagua. Sie ermitteln es, indem Sie bei Ihrem Sitzplatz den „Eingang“ anlegen.

Das Bagua des Schreibtisches gilt immer nur für den unmittelbar genutzten Arbeitsbereich. Es kann sich daher auch drehen, je nachdem ob Sie am Computer arbeiten oder handschriftliche Notizen machen.

Die Seite, an der Sie sitzen, ist die Grundlinie des Schreibtisch-Bagua.

Die Energie innerhalb des Bagua sollte so frei und ungehindert wie möglich fließen. Deshalb ist ein ordentlich aufgeräumter Schreibtisch so wichtig. Je nachdem, was Sie erreichen wollen, können Sie nun den Schreibtisch gezielt gestalten.

Gerade bei Bürojobs ist das Schreibtisch-Bagua das unmittelbarste und oft (wie z. B. in einem Großraumbüro, dessen Bagua sich alle teilen) auch das wichtigste.

Die Tatsache, daß ein Tisch ein oder mehrere Baguas haben kann, deren Zonen blockiert sein könnten, zeigt Ihnen abermals die Wichtigkeit von Ordnung und Struktur. Selbst wenn Sie ein eher chaotischer Typ sein sollten, der

Je nachdem an welchem Teil des Tisches Sie arbeiten, verändert sich Ihr hauptaktives Bagua.

meint, ohne kreatives Chaos nicht arbeiten zu können: Versuchen Sie sich zu einer reduzierteren Form der Unordnung durchzuringen. Je mehr Platz auf Ihrem Tisch frei wird, um so leichter fällt die Arbeit und um so eher werden Sie Erfolg in Ihrem Berufsleben haben.

Verführerisch sind große Tische, das Überangebot an Fläche verleitet im Regelfall zu Schlamperei und Unordnung.

Besser ist daher ein Schreibtisch, dessen Größe Ihren täglichen Ansprüchen angepaßt ist und der überdies den Vorteil hat, daß Sie nicht unnötig eingeengt werden. Große Tische lösen bei Nicht-Vorgesetzten oftmals unbewußt das Gefühl des Verlorenseins aus, Sicherheit und Heimeligkeit werden dann durch Anräumen des Tisches erzeugt. Das ist ein Fehler, denn ein kleiner, ordentlicher Tisch ist Chi-geladener als ein großer, mit Akten vollgestopfter Arbeitsplatz.

Auch bei der Tischgröße sollten Sie sich daher am Feng-Shui-Motto **weniger ist mehr** orientieren.

Die förderlichsten Tischformen

Neben der Größe des Schreibtisches nimmt auch seine Form Einfluß auf unser Wohlbefinden und unsere Aktivitäten am Arbeitsplatz: Am günstigsten für Schreibtische sind Rechtecke und U-Formen, Halbkreise oder Tische mit einer leichten Rundung um den Sitzenden herum.

Für Konferenztische sind runde oder ovale Formen geeignet, aber auch Anordnungen in U-Form, die einen konstruktiven Energiefluß zu allen Teilnehmern zulassen und den im freien Ende befindlichen Vortragenden am besten integrieren.

Asymmetisch geformte Tische und solche mit scharfen Kanten gelten als problematisch und sind zu vermeiden. Andernfalls

sollte durch Pflanzen oder Kristalle ausgeglichen werden.

Grob lassen sich die Chi-förderlichen Tischformen in zwei Hauptkategorien unterteilen:

◁ Runde, halbrunde, ovale und geschwungene Tische:

Sie sind kreativitätsfördernd und daher bestens für Tätigkeiten geeignet, bei denen neue Ideen, Gemeinsamkeit und Kommunikation im Vordergrund stehen. Nutzen Sie runde Tische daher vorwiegend für gesellige Ereignisse und Gespräche mit persönlichem Charakter sowie für Brainstormings und alle kreativen Prozesse. Besonders schwierig gestalten sich erfahrungsgemäß rein rational zu behandelnde Sachthemen, etwa Vertragsverhandlungen, an runden Tischen. Kein Wunder, daß Politiker vom „runden Tisch" eher zu netten Plauderrunden als zu konkreten Sachaussagen animiert werden.

© Contrast

Runde Tischformen fördern die Kreativität, sind aber für Entscheidungsprozesse eher ungeeignet.

◁ Rechteckige und quadratische Tische:

Gerade Tischformen eignen sich für denkorientierte, analytische – also vorwiegend „linkshirnige" – Abteilungen, wie beispielsweise die Buchhaltung. Sie erzeugen vorwiegend linear orientierte Arbeitsenergie und gelten daher als besonders förderlich für Professionen im Zusammenhang mit Geld, Verwaltung und Recht, wie die der Rechtsanwälte, Wirtschaftstreuhänder, Banken oder Versicherungen.

Immer beliebter werden Kombinationen aus geraden und runden Formen, z. B. als Arbeitstische mit angefügter kreisrunder Besprechungsfläche. In diesem Fall ist ein linkshirnig-linearer Tisch mit einer rechtshirnig-kommunikativen Form verbunden. Solche Tische stellen für viele Büros und einen Großteil der darauf zu erfüllenden Aufgaben eine gelungene Alternative dar. Vor allem dann, wenn sich das rund geformte Besprechungselement an der rechten Seite (vom Arbeitsplatz aus betrachtet) befindet, weil in diesem Fall die Bagua-Zone Kreativität aktiviert wird.

Wir leben in Schachteln, wir denken in Schachteln, wir arbeiten in Schachteln, und wenn alles vorbei ist, gehen wir wieder in Schachteln.

Audi-Werbung 4/95

Die förderlichsten Tischmaterialien

Arbeitstische sollten – wie alle anderen Tische auch – das Gefühl von Stabilität vermitteln. Wackelnde Tischbeine oder gebogene Auflageplatten sind nicht nur unpraktisch, sie sind einem langfristig stabilen Berufsleben hinderlich. Verzichten Sie auf „provisorische" Tische mit Malerschragen, selbst wenn diese trendy und innovativ aussehen. Allzu oft finden im Umfeld solcher Möbel ungewollte Veränderungen statt. Kaufen Sie einen qualitativ hochwertigen Tisch, bevorzugen Sie natürliche Materialien. Diese geben nicht nur weniger Schadstoffe ab (siehe Seite 105 ff.), auch ihre natürliche Ausstrahlung ist hochwertiger. Bevor Sie sich für ein Material entscheiden, sollten Sie immer wissen, was Sie erreichen wollen.

Arbeitsplatten aus **Glas oder Plexiglas** sind äußerst instabil. Solche Tische wirken durchlässig, als Folge davon suchen die Betreffenden unbewußt nach Struktur und Halt. Deshalb sind praktisch alle Glastische, die ich bisher in Büros gesehen habe, mit Akten und Papieren vollgeräumt, also „stabilisiert".

Glas entspricht dem Element Wasser und fördert nach der Fünf-Elemente-Lehre (siehe Seite 110) die Kommunikation, erhöhte Kommunikation findet ihre Entsprechung in bewegtem Wasser. Sie kann sich durch einen unordentlichen Arbeitsplatz äußern. Wenn Ihre Arbeit mit der Übermittlung von kreativen Ideen zu tun hat (Werbung, Grafik, Design, Medien, Kunst, Musik, Literatur, Kommunikation), ist der Werkstoff Glas in Ihrem Umfeld durchaus förderlich, wenngleich nicht unbedingt als Arbeitsfläche. Interessanterweise hängt den genannten Branchen das Image von Unordnung nach. Es ist wichtig, die richtige Dosis für den gewünschten kommunikativen Ausdruck zu finden: Glas ja, aber mit Maß und Ziel.

Sollten Sie in einem der genannten Berufe tätig sein und außer den Fenstern nicht allzuviel Glas oder Wasser im Raum haben, kann ein dekoratives Glasobjekt am Schreibtisch, eine Schale mit Wasser oder eine Blumenvase für Ausgleich sorgen. Außerdem ist ein solches Umfeld förderlich für Geschäfte, die mit dem Handel oder Transport von Flüssigkeiten zu tun haben.

Für optimale Arbeitsergebnisse sollten Glastische auf einem Holz- oder Metallgestell ruhen. Der Tisch unterstützt dann Ihre Fähigkeit, sich nach dem Strom zu richten. Vermeiden Sie ein Untergestell aus Marmor, da dieses Material dem Element Erde zuzuordnen ist und sich nicht mit dem Element Wasser verträgt.

Schreibtische aus **Holz** sind kreativitätsanregend und fördern alles, was mit Nahrung, Helfen, Heilen, Wärme, Menschlichkeit und „lebensförderlichen Prozessen" zu tun hat. Auch künstlerischer Selbstausdruck ist diesem Element zugeordnet.

Jeder, der an einem Holztisch arbeitet, profitiert von dessen Potential für Wachstum und Anpassung an die Fluktuationen des Marktes. Fördern Sie Ihre Kreativität, indem Sie das Holz-Element am Schreibtisch verstärken, beispielsweise durch frische Blumen, eine kleine Holzstatuette oder durch ein rechteckiges bzw. grün gefärbtes Element (siehe Tabelle, Seite 49).

Selten findet man dreieckige, rote oder lederüberzogene Schreibtische, alles Eigenschaften, die dem Element **Feuer** entsprechen. Sie fördern die Dynamik von Fortschritt und Intelligenz und verstärken die persönliche Ausstrahlung. Solche Tische sollten nur von Menschen benutzt werden, die mit dieser feurigen Schwingung auch umgehen können. Sonst könnte es sein, daß die Energie neuer Ideen wie ein Strohfeuer verpufft.

Diese kurzen intensiven Feuerimpulse eignen sich hervorragend für Modeschöpfer, Designer, PR-Fachleute, Wahlkampfmanager, Veranstaltungsorganisatoren, Menschen, deren Beruf mit Feuer zu tun hat, oder für Aufgabenbereiche, die rasches Handeln erfordern. Da das Element Feuer auch den Intellekt anregt, werden hirn- und denkorientierte Tätigkeiten, wie in der Forschung, an Universitäten oder die Vorbereitung von Reden, von solchen Tischen animiert.

Wenn Sie Ihre geistige Regheit und Ihre Ausstrahlung unterstützen möchten, bringen Sie Feuer auf den Tisch. Dreieckige Gegenstände, ein rotes Telefon, eine rote Rose auf dem Tisch, ein spitzer Brieföffner, ein Tischfeuerzeug, Streichhölzer, selbst Kerzen können diesen Zweck erfüllen. Wieder gilt der Grundsatz vom Maßhalten.

Menschen an Feuertischen sind mit Vorsicht zu behandeln, denn Vernunft, Diplomatie und Charme können plötzlich in Launenhaftigkeit, lauthals vorgetragene Kritik und Streitsucht umschlagen. Sollte in Ihnen das Feuer-Element zu oft „durchbrennen“, dann entfernen Sie alle Feuerobjekte. Fragen Sie am besten Ihre Kollegen, was sie davon halten ...

Arbeitstische aus Keramik, Stein, Marmor oder Backstein sind ähnlich dem Altar in der Kirche Ausdruck von Stabilität und Seriosität. Daher eignen sie sich hervorragend für Banken (auch im Schalterbereich), Finanz- und Anlageinstitute und Versicherungen. Sie sind ideal für die Baubranche und alles, was mit Finanzen zu tun hat, da **Erde** Metall = Geld fördert. Solche Tische sind sehr schwer und unbeweglich. Sie erzeugen im günstigen Fall Stabilität und Beständigkeit, im ungünstigen Starrheit und Inaktivität.

Wenn Sie Ihre Energie zentrieren wollen oder sich ungern zur Arbeit hinsetzen, sollten Sie auf Ihrem Schreibtisch das Erd-Element durch ein Keramikgefäß, einen Marmor-Füllerhalter, einen kleinen Stein oder Kristall, der gleichzeitig als strahlenabschirmendes Element für den Computer Verwendung finden könnte, verstärken. Genauso können Sie die Farben Gelb, Braun, Orange oder

Im Heimbüro einen anderen Tisch zu haben, schafft Ausgleich.

quadratische, würfelige Formen in den Vordergrund stellen. Vorwiegend kreative oder kommunikationsorientierte Menschen sollten Stein- oder Marmortische meiden, da ihre Arbeit blockiert werden würde: Erde kontrolliert Wasser und somit Kommunikation.

Ein Arbeitstisch aus **Metall** fördert die Fähigkeit zu diszipliniertem und präzisem Arbeiten. Metalltische sind ähnlich denen der Erd-Kategorie für Geldangelegenheiten geeignet. Der Juwelierbranche, den Goldschmieden, metallverarbeitenden und damit handelnden Unternehmen, aber auch den Bereichen Politik und Religion tut Metall-Energie gut. Um diszipliniertes, organisiertes Arbeiten zu fördern, besorgen Sie sich ein rundes, metallenes Objekt, beispielsweise einen Ring oder eine Münze, und legen dieses auf den Schreibtisch, vorzugsweise in die Zonen Kreativität und Unterstützung. Auch die Farben Weiß und Silber entsprechen Metall, genauso wie ovale oder sichelförmige Brieföffner oder eine Metallskulptur.

Tische aus Metall eignen sich für Redner.

Computer & Telefon am Arbeitsplatz

Wenn das Telefon ein einkommensbestimmender Faktor in Ihrem Beruf ist, sollten Sie es in der Zone Vorgesetzte oder Reichtum placieren, auch Unterstützung bietet sich an, weil gute Kontakte zu anderen Menschen sehr wichtig sind.

Die Aktivitätszone des Schreibtisches sollte so weit wie möglich frei von Kabeln sein und nicht von der Telefonschnur gekreuzt werden. Wenn Sie Rechtshänder sind, stellen Sie das Telefon auf die linke Seite, um die Schreibseite frei zu haben, und umgekehrt. Gute Plätze für Computer, Fax, Drucker oder andere Geräte sind die Bagua-Zonen Reichtum, Ruhm oder Vorgesetzte, akzeptabel auch Wissen, Karriere oder Unterstützung, vermeiden sollten Sie das Zentrum, Partnerschaft oder Kreativität.

Leider blockieren diese Geräte aufgrund ihrer Größe meist wesentliche Teile des Schreibtisches. Daher wäre es sinnvoll, sie entweder auf einem Seitentisch oder am Seitenteil eines L-Tisches unterzubringen. Wenn diese Variante nicht möglich ist, kann zumindest der Rechner unter den Tisch verbannt und der Monitor auf einem beweglichen Schwenk-Arm placiert werden. Dies schafft Luft und nimmt die Blockade vom Tisch.

Je weiter der Rechner des Computers von Ihrem Körper entfernt ist, desto geringer die Strahlenbelastung. Derzeit sind viele Werkzeuge zur „Umpolung“ bzw. „Harmonisierung“ schädlicher Strahlung am Markt. Weit verbreitet ist auch die Anwendung von Bergkristallen, Rosenquarzen oder Amethysten. Prinzipiell ist die Verwendung strahlungsarmer Bildschirme bzw. Bildschirmschoner anzuraten.

Reduzieren Sie Elektrosmog dadurch, daß Sie Kopier- und alle anderen

Geräte, die nicht unmittelbar in Ihrer Nähe sein müssen, in den Flur oder einen eigenen Raum verbannen. Sollte dies nicht möglich sein, installieren Sie sie mit entsprechendem Abstand zu Ihren Mitarbeitern und Kollegen. Regelmäßiges Lüften (siehe Seite 105 ff.), gesunde Zimmerpflanzen und ein entsprechendes Maß an Luftfeuchtigkeit, z. B. durch einen Zimmerbrunnen, können mithelfen, die Raumatmosphäre zu klären. Einige Kakteensorten, wie der Feigen- und der Säulenkaktus, sind für den Computerarbeitsplatz besonders geeignet. Mit ihren Stacheln können sie zu starke Energiefelder zerstreuen und schädigende „linksdrehende" Strahlen umpolen.

Ihre vier Richtungen zum Erfolg

Allgemeinhin bekannt ist mittlerweile die Erkenntnis, daß Umfeld, Lage und Gestaltung eines Arbeitsraumes auf die darin arbeitenden Menschen einwirken, unbekannt hingegen ist der Einfluß von Sitz- und Blickrichtung, also der Kraft der jeweiligen Himmelsrichtungen.

Aus der chinesischen Überlieferung ist eine äußerst effiziente Methode bekannt, die einen unmittelbaren Bezug zwischen den vier Himmelsrichtungen und dem Wohlbefinden des Menschen herstellt.

Jeder Mensch ist anders

Jeder Mensch hat unterschiedliche Stärken und Schwächen. Es werden daher am selben Schreibtisch – selbst wenn dieser am Powerspot des Raumes steht – nicht alle Mitarbeiter gleich gute Leistungen erbringen. Dies hat seine Ursache darin, daß wir alle unbewußt eine gewisse Vorliebe für einzelne Himmelsrichtungen entwickelt haben. Die meisten Menschen spüren zwar, daß ihnen beispielsweise konzentriertes Nachdenken an manchen Plätzen nur sehr schwer gelingt oder daß selbst die heikelsten Besprechungen an manchen Orten sehr konstruktiv verlaufen, doch sie finden keine Erklärung dafür.

Eine einfache Methode zeigt Ihnen, wie Sie für sich und Ihre Kollegen oder Mitarbeiter die jeweils förderlichen Richtungen, die persönlichen **Kua-Richtungen**, ermitteln können. Dabei unterscheidet man zwei Hauptkategorien, die sogenannte „Lebensgruppe Ost" und die „Lebensgruppe West". Jeder dieser beiden Gruppen entsprechen jeweils vier förderliche Himmelsrichtungen.

Was des rechten Weges entbehrt, ist bald am Ende.

Laotse

◀ Sind Sie ein östlicher oder westlicher Typ?

Finden Sie mit der Tabelle ab Seite 73 anhand Ihres Geburtsjahres heraus, welchem Typus Sie entsprechen. Sollten Sie vor dem 4. oder 5. Februar geboren sein, sehen Sie beim vorhergehenden Jahr nach, weil Sie in diesem Fall nach chinesischem Kalender noch im Vorjahr geboren sind. (Ist Ihr Geburtsdatum beispielsweise der 6.2.1950, orientieren Sie sich an 1950, ist es der 15.1.1947, an 1946.) In einzelnen Jahren fällt der Jahresbeginn auf den 5. Februar, sie sind in der Tabelle mit einem „◀“ markiert, ansonsten fängt das Jahr am 4. Februar mit dem traditionellen „Fest des Frühlingsbeginns“ an. Achten Sie darüber hinaus auf die Unterscheidung für Mann und Frau.

Geburts-jahr	Mann	Kua-Richtung 1.	2.	3.	4.	Frau	Kua-Richtung 1.	2.	3.	4.
1911▼	westlich	SW	NW	W	NO	westlich	NW	SW	NO	W
1912▼	westlich	NW	SW	NO	W	westlich	SW	NW	W	NO
1913	westlich	W	NO	SW	NW	östlich	O	SO	N	S
1914	westlich	NO	W	NW	SW	östlich	SO	O	S	N
1915▼	östlich	N	S	O	SO	westlich	NO	W	NW	SW
1916▼	östlich	S	N	SO	O	östlich	S	N	SO	O
1917	westlich	NO	W	NW	SW	östlich	N	S	O	SO
1918	östlich	SO	O	S	N	westlich	SW	NW	W	NO
1919▼	östlich	O	SO	N	S	westlich	W	NO	SW	NW
1920▼	westlich	SW	NW	W	NO	westlich	NW	SW	NO	W
1921	westlich	NW	SW	NO	W	westlich	SW	NW	W	NO
1922	westlich	W	NO	SW	NW	östlich	O	SO	N	S
1923▼	westlich	NO	W	NW	SW	östlich	SO	O	S	N
1924▼	östlich	N	S	O	SO	westlich	NO	W	NW	SW
1925	östlich	S	N	SO	O	östlich	S	N	SO	O
1926	westlich	NO	W	NW	SW	östlich	N	S	O	SO
1927▼	östlich	SO	O	S	N	westlich	SW	NW	W	NO
1928▼	östlich	O	SO	N	S	westlich	W	NO	SW	NW
1929	westlich	SW	NW	W	NO	westlich	NW	SW	NO	W
1930	westlich	NW	SW	NO	W	westlich	SW	NW	W	NO

Geburtsjahr	Mann	Kua-Richtung 1.	2.	3.	4.	Frau	Kua-Richtung 1.	2.	3.	4.
1931▼	westlich	W	NO	SW	NW	östlich	O	SO	N	S
1932▼	westlich	NO	W	NW	SW	östlich	SO	O	S	N
1933	östlich	N	S	O	SO	westlich	NO	W	NW	SW
1934	östlich	S	N	SO	O	östlich	S	N	SO	O
1935▼	westlich	NO	W	NW	SW	östlich	N	S	O	SO
1936▼	östlich	SO	O	S	N	westlich	SW	NW	W	NO
1937	östlich	O	SO	N	S	westlich	W	NO	SW	NW
1938	westlich	SW	NW	W	NO	westlich	NW	SW	NO	W
1939▼	westlich	NW	SW	NO	W	westlich	SW	NW	W	NO
1940▼	westlich	W	NO	SW	NW	östlich	O	SO	N	S
1941	westlich	NO	W	NW	SW	östlich	SO	O	S	N
1942	östlich	N	S	O	SO	westlich	NO	W	NW	SW
1943▼	östlich	S	N	SO	O	östlich	S	N	SO	O
1944▼	westlich	NO	W	NW	SW	östlich	N	S	O	SO
1945	östlich	SO	O	S	N	westlich	SW	NW	W	NO
1946	östlich	O	SO	N	S	westlich	W	NO	SW	NW
1947	westlich	SW	NW	W	NO	westlich	NW	SW	NO	W
1948▼	westlich	NW	SW	NO	W	westlich	SW	NW	W	NO
1949	westlich	W	NO	SW	NW	östlich	O	SO	N	S
1950	westlich	NO	W	NW	SW	östlich	SO	O	S	N

Geburts-jahr	Mann	Kua-Richtung				Frau	Kua-Richtung			
		1.	2.	3.	4.		1.	2.	3.	4.
1951	östlich	N	S	O	SO	westlich	NO	W	NW	SW
1952▾	östlich	S	N	SO	O	östlich	S	N	SO	O
1953	westlich	NO	W	NW	SW	östlich	N	S	O	SO
1954	östlich	SO	O	S	N	westlich	SW	NW	W	NO
1955	östlich	O	SO	N	S	westlich	W	NO	SW	NW
1956▾	westlich	SW	NW	W	NO	westlich	NW	SW	NO	W
1957	westlich	NW	SW	NO	W	westlich	SW	NW	W	NO
1958	westlich	W	NO	SW	NW	östlich	O	SO	N	S
1959	westlich	NO	W	NW	SW	östlich	SO	O	S	N
1960▾	östlich	N	S	O	SO	westlich	NO	W	NW	SW
1961	östlich	S	N	SO	O	östlich	S	N	SO	O
1962	westlich	NO	W	NW	SW	östlich	N	S	O	SO
1963	östlich	SO	O	S	N	westlich	SW	NW	W	NO
1964▾	östlich	O	SO	N	S	westlich	W	NO	SW	NW
1965	westlich	SW	NW	W	NO	westlich	NW	SW	NO	W
1966	westlich	NW	SW	NO	W	westlich	SW	NW	W	NO
1967	westlich	W	NO	SW	NW	östlich	O	SO	N	S
1968▾	westlich	NO	W	NW	SW	östlich	SO	O	S	N
1969	östlich	N	S	O	SO	westlich	NO	W	NW	SW
1970	östlich	S	N	SO	O	östlich	S	N	SO	O

Geburts-jahr	Mann	Kua-Richtung 1.	2.	3.	4.	Frau	Kua-Richtung 1.	2.	3.	4.
1971	westlich	NO	W	NW	SW	östlich	N	S	O	SO
1972▼	östlich	SO	O	S	N	westlich	SW	NW	W	NO
1973	östlich	O	SO	N	S	westlich	W	NO	SW	NW
1974	westlich	SW	NW	W	NO	westlich	NW	SW	NO	W
1975	westlich	NW	SW	NO	W	westlich	SW	NW	W	NO
1976▼	westlich	W	NO	SW	NW	östlich	O	SO	N	S
1977	westlich	NO	W	NW	SW	östlich	SO	O	S	N
1978	östlich	N	S	O	SO	westlich	NO	W	NW	SW
1979	östlich	S	N	SO	O	östlich	S	N	SO	O
1980▼	westlich	NO	W	NW	SW	östlich	N	S	O	SO
1981	östlich	SO	O	S	N	westlich	SW	NW	W	NO
1982	östlich	O	SO	N	S	westlich	W	NO	SW	NW
1983	westlich	SW	NW	W	NO	westlich	NW	SW	NO	W
1984	westlich	NW	SW	NO	W	westlich	SW	NW	W	NO
1985	westlich	W	NO	SW	NW	östlich	O	SO	N	S
1986	westlich	NO	W	NW	SW	östlich	SO	O	S	N
1987	östlich	N	S	O	SO	westlich	NO	W	NW	SW
1988	östlich	S	N	SO	O	östlich	S	N	SO	O
1989	westlich	NO	W	NW	SW	östlich	N	S	O	SO
1990	östlich	SO	O	S	N	westlich	SW	NW	W	NO

Geburts-jahr	Mann	Kua-Richtung 1.	2.	3.	4.	Frau	Kua-Richtung 1.	2.	3.	4.
1991	östlich	O	SO	N	S	westlich	W	NO	SW	NW
1992	westlich	SW	NW	W	NO	westlich	NW	SW	NO	W
1993	westlich	NW	SW	NO	W	westlich	SW	NW	W	NO
1994	westlich	W	NO	SW	NW	östlich	O	SO	N	S
1995	westlich	NO	W	NW	SW	östlich	SO	O	S	N
1996	östlich	N	S	O	SO	westlich	NO	W	NW	SW
1997	östlich	S	N	SO	O	östlich	S	N	SO	O
1998	westlich	NO	W	NW	SW	östlich	N	S	O	SO
1999	östlich	SO	O	S	N	westlich	SW	NW	W	NO
2000	östlich	O	SO	N	S	westlich	W	NO	SW	NW

Falls Sie die Orientierung Ihres Büros nicht einem Plan entnehmen können, besorgen Sie sich am besten einen Kompaß und ermitteln selbst die Himmelsrichtungen.
Achten Sie auf Metall oder Strom im Umfeld, da dies die Kompaßlesung beeinflussen kann. Probieren Sie es an mehreren verschiedenen Stellen.
Auf unsichtbare Weise fördern die eigenen vier Richtungen den persönlichen Energiefluß und erleichtern somit den Zugang zum Leistungspotential. Nahezu ausnahmslos sitzen jene Menschen, die als besonders konstruktive, effiziente und teamfähige Mitarbeiter gelten, an guten Plätzen und in einer ihrer förderlichen Kua-Richtungen. Jene hingegen, die sich zu oft und über einen längeren Zeitraum in hemmende Richtungen orientieren, neigen zu irrationalem oder unkonstruktivem Verhalten, leiden unter Energieverlust und gelten oftmals als „schwierig".
Dies läßt sich auch relativ leicht erklären, denn alle unsere Zellen sind plus/minus-polarisiert, das heißt wir reagieren auf äußere Einflüsse entsprechend stark, wenn sie unserer förderlichen Polarität entsprechen. Umgekehrt leisten wir Widerstand, wenn wir mit unserem abweisenden Pol in Berührung kommen. Das geht uns gewissermaßen „gegen den Strich".

Menschen gleicher Lebensgruppe fühlen sich wegen ihres inneren Gleichklangs wohl in den gleichen Sitz- und Aufenthaltszonen.

Wie Sie Ihre idealen Kua-Richtungen finden

Sie sollten so oft wie möglich eine Richtung wählen, die Ihrer westlichen oder östlichen Orientierung entspricht.
Alle westlichen Typen können aus den vier günstigen Blickrichtungen Nordosten, Südwesten, Westen und Nordwesten wählen, während Menschen der östlichen Lebensgruppe in eine der Richtungen Norden, Osten, Südosten und Süden blicken sollten.

Östliche Gruppe	Westliche Gruppe
N	NO
O	SW
SO	W
S	NW

Die vier günstigen Kua-Richtungen wirken sich förderlich auf alle Büroaktivitäten aus (sie gelten auch als bevorzugte Richtungen zum Schlafen, weshalb das Bett in eine dieser vier Richtungen orientiert werden sollte; Buchtip, siehe Seite 152). Dabei gilt: Wenden Sie sich Ihren günstigen Sitz- und Arbeitsrichtungen zu: Blick- = Himmelsrichtung.
Analysieren Sie Ihre wichtigsten Aufenthaltsbereiche in Ihrem Büro und in Ihrer Wohnung. Je öfter die Blickorientierung (bzw. Schlafrichtung) einer Ihrer vier persönlichen Kua-Richtungen entspricht, um so leichter können Sie Ihr Potential entfalten. Umgekehrt sitzen fast alle Menschen mit Problemen scheinbar „zufällig" in einer falschen Richtung.

Sitzen, arbeiten und lernen Sie richtig?

Nun wissen Sie, welcher Gruppe Sie angehören und welche vier förderlichen Himmelsrichtungen zu Ihrer Gruppe zählen. Bei Tätigkeiten mit hohen Anforderungen kann es sich bezahlt machen, aus den persönlichen Kua-Richtungen jeweils eine ganz spezifische auszuwählen und sie als „Joker-Kraftrichtung" für spezielle Zwecke einzusetzen. Im Detail bedeuten die vier Richtungen folgendes:

1. Kua-Richtung

Sheng Chi („erzeugender Atem"), die 1. Kua-Richtung, ist die universellste Richtung, gilt sie doch als glücksbringend und energetisierend für alle geschäftlichen Aufgaben, für Finanzangelegenheiten, aber auch für persönliche Dinge. Wenn Sie nicht genau wissen, welche Richtung Sie wählen sollen, entscheiden Sie sich für die 1. Nutzen Sie sie so oft wie möglich.

2. Kua-Richtung

Die Kraft der 2. Kua-Richtung Tien Yi („himmlischer Arzt") wird im modernen Berufsleben immer wichtiger, denn sie generiert heilende Schwingungen. Sie verleiht Vitalität und hilft, sich nach einer Krankheit schneller zu erholen. Man sagt der 2. Richtung auch nach, sie unterstütze das Übertauchen unruhigerer Lebensabschnitte. Auch während der Schwangerschaft oder in Streßphasen kann diese Blickrichtung stärkend eingesetzt werden.

3. Kua-Richtung

Nien Yen („Harmonie"), die 3. Kua-Richtung, ist ideal für die Lösung mitarbeiterbezogener Konflikte und Unstimmigkeiten. Ihre Schwingung hilft, die Qualität des Betriebsklimas und der menschlichen Beziehungen zu fördern. Sie unterstützt Toleranz und Harmonie und sollte vor allem dann genutzt werden, wenn sich Streit und Spannung anbahnen. Sie ist die Richtung für wichtige Gespräche. Ihre eigene Ausstrahlung wirkt integer, ausgewogen und harmonisch. Die 3. Richtung sollten Sie vor allem im Besprechungszimmer so oft wie möglich wählen.

4. Kua-Richtung

Fu Wei („Klarheit"), die 4. Kua-Richtung, unterstützt klares Denken und ist die günstigste für wichtige Entscheidungen. Sie fördert die persönlichen Anlagen und Fähigkeiten und gilt daher neben der 1. Kua-Richtung als besonders wichtig für den Arbeitsplatz. Wichtige strategische Entscheidungen, Finanzangelegenheiten, das Ausarbeiten von Konzepten und Anboten sowie die Beschäftigung mit hochkomplexen Dingen gelingen in dieser Richtung am besten.

Das Potential für Veränderungen ist stets vorhanden, aber es ist besser, nicht auf einen Moment der Krise zu warten.

© Bene

3. Die Wirkung des Chi im Büro

Das Chi der Zufahrtsstrassen

Bevor Sie sich den Räumen im einzelnen widmen, sollten Sie sich Ihr Umfeld genau ansehen. Wie verlaufen die Straßen um Ihr Haus, wie der Hauptverkehrsstrom in bezug auf Ihr Gebäude? Bei Häusern, die von einem langsam fließenden Verkehrsstrom umgeben sind, handelt es sich um gute Feng-Shui-Umgebungen, besonders wenn vor dem Haus ein freies **Park- oder Gartengrundstück** liegt. Ein freier Platz vor dem Eingang gilt als glückverheißend für ein Geschäft, er beruhigt und bündelt das Chi.

Ein **Kreisverkehr** vor dem Haus ist günstig, da er die Energie gleichmäßig verteilt, **T-Kreuzungen** gelten als problematisch. Sie erzeugen aggressive Energien und attackieren das Gebäude, wie übrigens auch steile, **bergab auf das Haus zuführende Straßen**. Gebäude, die direkt an einer stark befahrenen Kreuzung liegen, gelten wegen der Unruhe nicht als ideale Bürostandorte.

Durch das Unterbinden der direkten Sicht auf die Straße oder Kreuzung oder das Abblocken der Unruhe-Energie durch Bäume, Hecken oder Mauern kann die schwächende Wirkung von heftigem Verkehrsaufkommen in der näheren Umgebung verhindert werden. Wenn eine Stadtautobahn oder eine andere stark befahrene Straße an Ihrem Standort vorbeiführt, sollte die Abzweigung zu Ihrer Firma deutlich erkennbar und ausreichend beschildert sein.

Das Haus gegenüber der T-Kreuzung wird regelrecht „abgeschossen". Hecken, Bäume oder eine blickdichte Abgrenzung würden die Aggression fernhalten.

Zirkulierende Energie

Zum besseren Verständnis des Chi-Flusses innerhalb Ihres Büros eine **Übung:** Verteilen Sie Fotokopien der Pläne Ihrer Büroetage an die Mitarbeiter, und machen Sie mit ihnen ein „Energiefluß-Experiment". Bereiten Sie Buntstifte vor, und laden Sie Ihre Kollegen und Mitarbeiter zum spielerischen Erleben des Arbeitsplatzes ein. Da es sich um eine intuitive Erfahrung handelt, gibt es kein „falsch oder richtig". Bitten Sie die Teilnehmer, zunächst jene Farbe zu wählen, die ihrer Meinung nach dem Charakter der Betriebsenergie am besten entspricht. Welche Empfindungen werden damit verbunden?

Die förderlichen Energieflüsse sollten alle wichtigen Arbeitsräume gleich gut durchströmen. Schlecht versorgte Bürobereiche können „aktiviert" werden.

Nun geht's los: Ohne nachzudenken und ohne den Stift abzusetzen, soll jeder den unsichtbaren Energiefluß zeichnen, wie er, beginnend vom Eingang, durch die einzelnen Räume strömt. Wo gibt es Stockungen, welche Räume oder Ecken werden übersehen, gibt es Bereiche, in denen viel Energie fließt …? Betrachten Sie anschließend die unterschiedlichen Zeichnungen, und stellen Sie fest, welche Räume mehr Energie und Aufmerksamkeit benötigen.

Auswahl und Gestaltung der Räume

Wenn eine Firma eine oder mehrere Etagen eines Bürogebäudes gemietet hat, tritt man in manchen Fällen aus dem Lift direkt ins Büro. Eine solche Situation sollte vermieden werden, denn das ist so, als gäbe es keine Eingangstür. Besser wäre es, zwischen Lift und Eingang eine Barriere zu errichten, der Lift erzeugt bei jedem Öffnen eine Sogwirkung in den Schacht, wie sie in der U-Bahn-Station beim Ein- und Ausfahren der Züge entsteht. Dies kann den gesamten Bürotrakt empfindlich stören.
Was die Wahl Ihres Büros anbelangt, so sollten Sie, sofern Sie wählen können, einen Raum aussuchen, der weit vom Eingang, am besten diagonal, entfernt liegt und nicht einem WC oder einer Treppe gegenüber. Außerdem sollte Ihr Arbeitsraum nicht am Ende eines langen Korridors liegen, da dessen schnellfließendes Sha ungebremst Ihren Raum überrollen würde. Nahezu alle Menschen empfinden lange Korridore, wie sie beispielsweise in Krankenhäusern oder Ämtern vorzu-

finden sind, als unsympathisch. In solchen Büros sollte niemals unmittelbar gegenüber der Tür gearbeitet werden. Um das aggressive Sha-Chi langer Flure von vornherein zu vermeiden, sollten sie nicht exakt geradlinig angelegt werden, oder zumindest könnte man durch quergemusterte Teppiche, ausladende Beleuchtung, seitlich versetzte Lampen oder an die Wände gerückte Möbelstücke für einen zirkulierenden Fluß der Energie sorgen. Auch Regenbogenkristalle, Mobiles, Klangspiele oder eine DNS-Spirale tragen zu einer Beruhigung des Flures bei.

Ein weiterer unangenehmer Effekt langer, unberuhigter Korridore ist, daß sie wie ein Messer die Abteilungen links von jenen rechts des Flures trennen können. Wie eine stark befahrene Autobahn, die die Landschaft teilt, kann eine solche Polarisierung dem Umfeld Schaden zufügen. Das daraus entstehende Gegeneinander („die da drüben verstehen uns ja sowieso nicht") kann durch eine Harmonisierung des Chi-Flusses im Flur aufgelöst werden. Je sanfter und friedlicher die Schwingung des gemeinsamen Korridors, um so eher werden sich auch Gemeinsamkeiten anstelle von trennenden Feindseligkeiten entwickeln.

Türen als Schleusen des Chi

Wasserbetonte Räume wie Toiletten sollten wegen ihres Einflusses auf den menschlichen Wasserhaushalt und den Finanzfluß (siehe Seite 46) niemals direkt im Blickfeld der Eingangstür sein. Ideal sind Toiletten an der Außenwand, nicht nur wegen der besseren Entlüftbarkeit, sondern auch wegen der erhöhten „inneren Regenerationskraft" des Raumes durch das Tageslicht. Auch sollten diese so weit wie möglich vom Eingang entfernt liegen, allerdings, um eine stabilere finanzielle Situation zu fördern, niemals in der linken hinteren Reichtum-Zone.

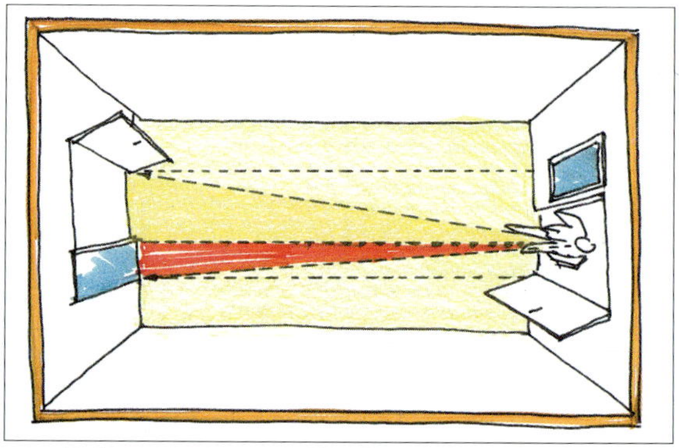

Bei versetzt gegenüberliegenden Türen können Spiegel oder Bilder an den überlappenden Mauerteilen helfen, emotionalen Streß abzubauen.

Eine ungünstige WC-Anordnung kann durch „Versiegeln", also durch das Anbringen eines kleinen reflektierenden Zierelementes, wie eines Spiegels oder eines glänzenden Messing-Türschildes (siehe Seite 50 ff.), vor übermäßigem Energieverlust bewahrt werden.

Liegen Türen einander gegenüber, sollten sie exakt aufeinander ausgerichtet sein, also nicht um einige Zentimeter versetzt. Ansonsten könnten Streß und Spannung bei den dort ein- und ausgehenden Menschen entstehen, was am besten durch ein optisches Highlight jeweils links der einen und rechts der anderen Tür ausgeglichen wird. Geeignet sind kleine Spiegel, aber auch Blumen (künstliche oder natürliche) oder Dekorelemente.

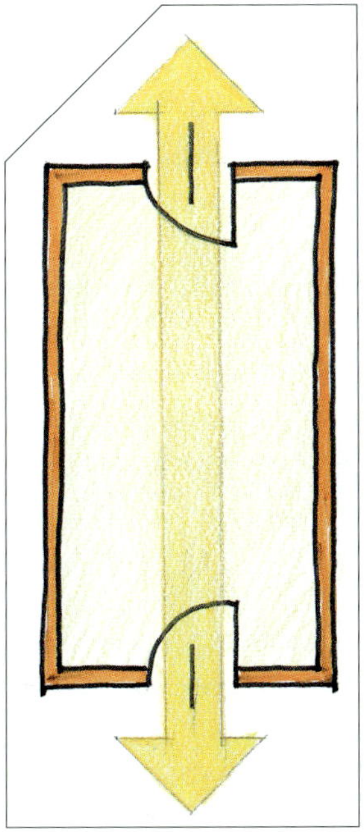

Starker Energieaustausch zwischen gegenüberliegenden Türen.

Gegenüberliegende Türen, die beidseits von Fluren in die Büros führen, sollten weitestgehend geschlossen bleiben, weil sich die aufeinanderprallenden Energien gegenseitig beeinflussen. Wenn anstelle des Flures ein breiterer Vorraum dazwischen liegt, wirkt dieser wie ein neutraler Vermittler und gleicht aus.

Was Sie beim Verlassen des Büros sehen, ist genauso wichtig für Ihre Psyche wie das, was Sie beim Eintreten wahrnehmen. Einem Ausgang auf einen engen Korridor sagen Feng-Shui-Experten eine die berufliche Entwicklung hemmende Wirkung nach. Halten Sie in so einem Fall die Bürotür stets geschlossen, und hängen Sie an der gegenüberliegenden Wand ein Landschaftsbild mit Tiefenwirkung oder einen Spiegel auf, um sich Perspektive und Entwicklungsraum zu schaffen. Den zwischen zwei nah gegenüberliegenden Türen hin- und herfließenden Chi-Fluß sollten Sie mit einer Lampe, einem Regenbogenkristall oder einer DNS-Spirale im Flur zerstreuen. Wenn Sie beim Verlassen Ihres Arbeitsraumes teilweise auf eine Wand und teilweise auf eine Tür oder ein Fenster blicken, sollten Sie ebenfalls einen Spiegel oder ein Bild aufhängen, um den Ausgang aus Ihrem Zimmer harmonisch zu gestalten.

Fenster als Augen eines Gebäudes

Fenster erlauben der Aktivkraft des Tageslichtes, in ausreichendem Umfang in den Raum einzudringen. Entsprechend wichtig ist ein Mindestmaß an unblockierter Fensterfläche. Räume ohne Fenster behindern die Kreativität und langfristig auch die Aktivität. In solchen Fällen kann wiederum durch Spiegel, Fensterimitationen oder Landschaftsbilder der Eindruck von Weite und Natur erreicht werden.

Fenster stellen die Augen eines Gebäudes oder Raumes dar, Türen die Münder. Wichtig ist eine vernünftige Mindestgröße der Fensterflächen, um einerseits genügend natürliches Licht in die Arbeitsräume zu lenken und andererseits das Gefühl von Umweltbezug zu erreichen. Zu kleine oder mit Gardinen verhängte Fenster veranlassen Menschen, sich zu sehr nach innen zu kehren, was

© Bene

Räume mit vielen bis zum Boden reichenden Fenstern verlieren Energie und verhindern konzentriertes Arbeiten.

eine weltoffene, innovative Arbeitshaltung nahezu unmöglich macht. Da sich die Gabe des Weitblicks und der Kontaktaufnahme mit der Außenwelt symbolisch über die Fenster darstellt (verschlossene Menschen leben in geschlossenen Häusern), sollten Fenster auch regelmäßig geputzt werden. Sonst erleben die Menschen ihre Umwelt trüb, gewissermaßen durch einen Schleier – wie durch verschmutzte Brillen.

Zur besseren Entlüftung und für ein verbessertes emotionales Empfinden sollte die Möglichkeit bestehen, Fenster ganz zu öffnen, Ausnahmen sind Sichtverglasungen. Der Trend, in Neubauten die Fensterverglasungen bis zum Boden zu ziehen, birgt Probleme. Stellen Sie sich den Raum als Gefäß vor, das die Menschen und Geschäfte in sich nähren und beschützen soll. Einem Gefäß, das bis zum Boden offen ist, fehlt es zwar nicht an Transparenz, aber an Stabilität – die Energie rinnt gleichsam aus. Parapetts, also Mauerstücke vom Boden bis zum Fenster, sind daher unumgängliche Standardvoraussetzungen für einen energiereichen Raum, der langfristig Erfolg unterstützen soll.

In tageslichtarmen Büros müssen am Fenster stabilisierende Maßnahmen gesetzt werden. Dazu zählen Erd-Hilfsmittel, wie Terracotta-Blumentröge mit großen Zimmerpflanzen, Stein- oder Keramikstatuen, Steine, schwere Möbelstücke und andere Stabilität und Kontinuität ausstrahlende Gegenstände. Schaffen Sie zusätzlichen Halt durch Fensterläden (sie werden wieder modern, vor allem als Schiebe-Elemente), Jalousien oder Gardinen.

Auch ein großes Röhrenklangspiel an der Terrassentür kann zu einer Reduktion des Chi-Verlustes beitragen.

Am wichtigsten ist natürlich die Aussicht aus dem Fenster. Je erfreulicher der Anblick, um so eher werden Sie von Ihrem Umfeld inspiriert. Aber auch ein unerfreulicher Anblick, z. B. die Sicht auf einen Lagerplatz, Schornstein oder auf eine Müllsammelstelle, kann aufgewertet werden. Mauern könnten von Kindern bemalt oder mit Kletterpflanzen begrünt werden, Lagerplätze lassen sich mit bewachsenen Holzgerüsten verstecken. Sollten dieses Maßnahmen nicht möglich sein: Sie könnten zumindest bei den eigenen Fenstern mit Pflanzen, Jalousien oder licht-, aber nicht blickdurchlässigem Milchglas einen angenehmeren Ausblick erzeugen.

Es gibt interessante Assoziationen im Verhältnis von Türen und Fenstern, die sich durch langjährige Beobachtung ergeben haben: Türen könnte man in Beziehung zu den Führungskräften eines Unternehmens setzen, Fenster zu den Angestellten. Je größer die Anzahl der Fenster im Verhältnis zu den aktiv genutzten Türen, um so schwieriger gestaltet sich die konstruktive Führung und Lenkung eines Unternehmens. Das Ungleichgewicht zugunsten der Fenster (3:1 oder mehr) kann dazu führen, daß aufmüpfige Stimmung und übersteigerte Erwartungshaltungen überhand nehmen. Bei einem Mißverhältnis können Sie die schwindende Autorität durch ein Klangspiel an einer stark frequentierten Tür erhöhen: Jedesmal ertönt nun beim Öffnen der Tür die „Stimme der Chefs".

Bedrückende Balken und Dachschrägen

Extrem ungünstig ist ein Arbeitsplatz unter **Balken oder Dachschrägen**. Die Wirkung des Balkens und der drückende Einfluß der Schräge erschweren Ihr Arbeitsleben. Dies gilt insbesondere dann, wenn der Balken wuchtig, dunkel und möglicherweise nahe bei Ihrem Arbeitsplatz, wie bei niederer Zimmerdecke, ist. Unter keinen Umständen sollten Sie beim Aufstehen das Gefühl haben, den Kopf einziehen zu müssen. Sich unbewußt beugen oder den Kopf schützen zu wollen, ist Quelle von Irritation. Kein Mensch fühlt sich langfristig

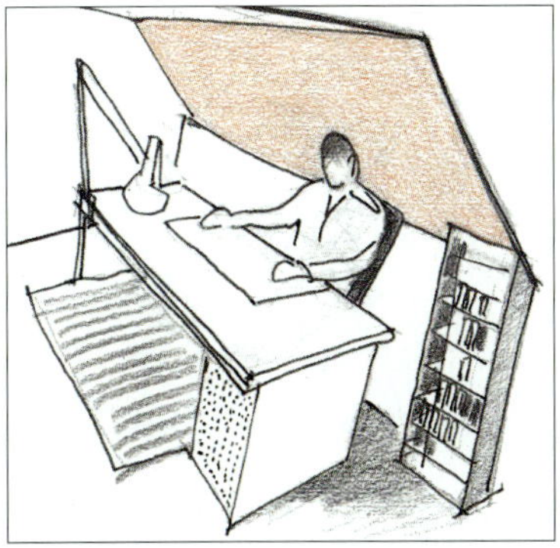

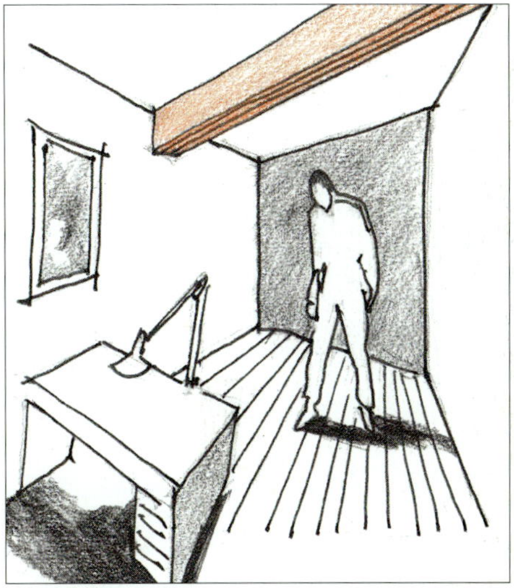

Unter einer Dachschräge oder einem Balken zu arbeiten, kann die geistige Wachheit und Kreativität einschränken.

in einem Umfeld, in dem er sich dauernd beugen muß, wohl. Auch die persönlichen und fachlichen Stärken werden nicht mehr zur Gänze genutzt. Dachausbauten sind demnach als Arbeitsräume nur bedingt geeignet, außer die Räume sind entsprechend hoch oder Sie haben ausreichend Fläche zur Verfügung, um die niedrigen Bereiche zu meiden.

Dachräume mit schrägen Wänden gelten als sehr unruhige Arbeitsräume, weil die Wände wie bei einem Billardtisch die Energie unregelmäßig in den Raum reflektieren. Dieses Phänomen ist nur schwer erkennbar, denn vordergründig wirken Dachräume eher geborgen und heimelig. Im Gegensatz dazu herrscht in solchen Räumen tendenziell eine eher diffuse, möglicherweise das freie Denken beeinträchtigende Raumqualität.

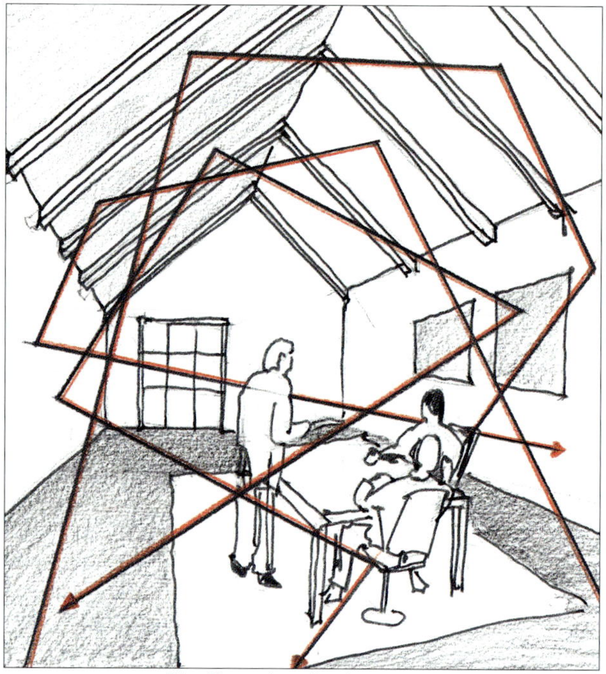

Die Energiereflexionen erzeugen Unruhe, die möglicherweise auch stimulierend wirken kann.

Wenn Menschen, die jahrelang in Dachräumen gearbeitet haben, einmal in einem anderen Büro arbeiten, merken sie meist erst dann, daß die Arbeit in einem klar strukturierten Umfeld leichter von der Hand geht. Verbessern Sie die Energieverteilung Ihres Dachbüros durch nachträgliches Einziehen einer Decke oder durch ein abgehängtes, horizontales Raumelement, beispielsweise eine helle Stoffbahn oder ein leichtes, nicht bedrückend wirkendes „fliegendes" Kunstwerk. Außerdem sollte in diesen Räumen auf Klarheit in der Beleuchtung, den Bildmotiven, Farben oder der Möblierung Wert gelegt werden. Aus denselben Gründen sollten Sie Unordnung in Regalen oder durch quer über den Boden verstreute Akten vermeiden, weil dies diffuse Raumenergie verstärkt.

Wenn Sie die Wahl haben, Ihr Büro in einen Raum mit geraden Wänden oder in einen vergleichbaren

Dachraum zu verlegen, sollten Sie sich für ersteren entscheiden und dem Dachzimmer eine andere Funktion, etwa als Lagerraum, zuweisen.

Schneidendes Chi und andere Stressfaktoren

Wenn Sie gerade dabei sind, Ihr Umfeld zu analysieren: Zeigen irgendwelche scharfen Mauerkanten oder die Ecke eines Möbelstückes in Ihre Richtung? Gibt es spitze Accessoires, die auf dem Schreibtisch liegen und in Ihre Richtung deuten? Hat der Teppich Zacken oder Pfeile, deren verlängerte Spitzen auf Sie zielen?

Die Möglichkeiten, sich das Leben durch „schneidendes Chi" schwerzumachen oder Sha-Quellen aufzutun, sind äußerst vielfältig. Es sind immer die gleichen Menschen, die ihren Schreibtisch ungünstig, beispielsweise vor die Kante eines Pfeilers, placieren. Bei genauer Betrachtung zeigt sich ein durchgehendes Lebensmuster: „Alles ist schwer, anstrengend, und alle anderen werden vor mir Erfolg haben. Für mich wird immer alles mühsam sein ..."

Kommt Ihnen das irgendwie bekannt vor? Dann machen Sie sich daran, alle schwächenden und Sha-erzeugenden Raumobjekte entweder zu entfernen oder durch Umstellen der Möbel aus dem Einflußbereich der Kanten zu gelangen. Wenn dies nicht möglich ist, sollten Sie zumindest für Abdeckung der aggressiven Ecken sorgen, durch Tücher, Rundleisten oder davor placierte Pflanzen. Vermeiden Sie überall in Ihrem Umfeld, also auch zu Hause, scharfe Kanten und Ecken direkt in der Nähe Ihres Sitz-, Schlaf- oder Arbeitsbereiches. Es gelten allerdings nicht alle Kanten als problematisch. Beeinträchtigungen tauchen nur dann auf, wenn Sie sich über längere Zeit in extremer Nähe zu scharfen Kanten aufhalten und wenn die Mauer- oder Möbelsubstanz so mächtig ist, daß sie ernstzunehmende Strahlungen erzeugen kann. Kleine und unscheinbare Ecken, etwa von Tür- oder Fensterstöcken, sind keine ernstzunehmenden Verursacher von schneidendem Chi.

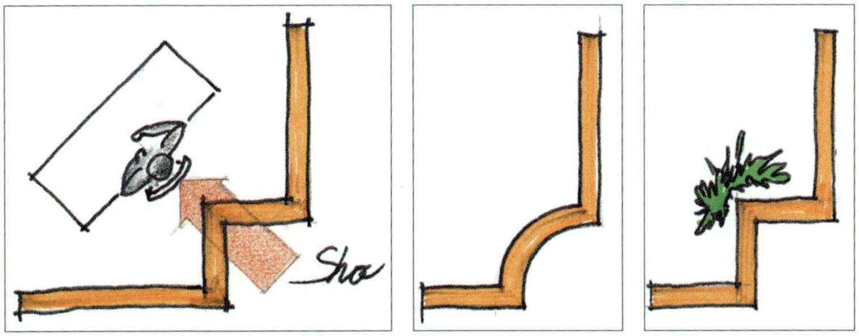

Kanten im Rücken hemmen die Leistungsfähigkeit, entschärfen Sie sie mit einer Pflanze, oder runden Sie die Ecke ab.

Auch **offene Bücherregale im Rücken** oder in Kopfhöhe können bedrückend wirken, genauso wie schwere Leuchten oder andere oberhalb des Arbeitenden hängende Objekte mit wuchtiger oder aggressiver Er-

scheinung. Dazu zählen abgehängte Hinweistafeln, die Tür zur ausziehbaren Dachbodentreppe oder Dekorelemente. Manchmal werden auch Feng-Shui-Hilfsmittel, z. B. große Klangspiele oder schwere Regenbogenkristalle, so unglücklich über den Arbeitenden angebracht, daß sie statt hilfreicher Wirkung nur Unbehagen verursachen.
Die Decke ist häufig der am meisten vernachlässigte und unerfreulichste Anblick des Raumes. Sie gezielt aufzuwerten, ist auch im Hinblick auf die Kunden von großer Bedeutung (siehe Seite 127), da es Situationen gibt, in denen diese nach oben blicken.

Blockierende Säulen und Wände

Wenn sich vor Ihrem Arbeitsplatz eine **Säule** befindet, erleben Sie möglicherweise schon seit einiger Zeit, wie schwierig und hindernißreich sich Ihr Berufsleben entwickelt. Alle die unmittelbare Sicht verdeckenden Elemente sind Blockierer. Versuchen Sie durch Drehung des Arbeitsplatzes, das Hindernis aus dem Blickfeld zu bringen, oder begrünen Sie den Blockierer mit einer Hänge- oder Kletterpflanze. Noch besser wäre eine vollständige Verspiegelung, was sogar bei einer runden Säule möglich ist.
Noch einmal möchte ich darauf hinweisen, wie störend das langjährige Arbeiten vor einer Wand ist. Was in der modernen Büromöbelindustrie als konzentrationsfördernd gilt, weil nur wenig Ablenkung durch Aktivitäten der Kollegen erfolgen kann, hat die Nachteile der fehlenden „Schildkröte" (siehe Seite 18 ff.) und des blockierten Horizonts. Die ideale Lehnstuhlposition ist vertauscht, und entsprechend „verdreht" werden die Menschen an solchen Plätzen. Angeblich

Vermeiden Sie eine Säule vor dem Arbeitsplatz, das sprichwörtliche „Brett vor dem Kopf".

wird auf die Konzentrationsbedürfnisse des Mitarbeiters Rücksicht genommen, in Wahrheit erschwert man ihm das Leben auf unfairste Weise. Kein Mensch erträgt auf Dauer, daß hinter seinem Rücken Aktivitäten vor sich gehen. Diesem

Dilemma versuchen Einrichter durch gefinkelte Trennwände und bunt tapezierte Raumteilungssysteme zu begegnen.

Das gewünschte Höhlengefühl wird aber nur teilweise erreicht. Die Betroffenen werden daher jede nur denkbare Möglichkeit zur Ablenkung suchen. Sorgen Sie für Ihren persönlichen Powerspot. Vor allem für Dauerarbeitsplätze ist dies das wichtigste Kriterium: Der beste Arbeitsplatz ist jener mit geschütztem Rücken zur Wand.

Um Ihre „Schildkröte" zusätzlich zu aktivieren, sollten Sie die Wand hinter Ihnen besonders aufwerten. Am besten wäre ein Bild, das Ihnen das Schutz- und Stabilitätsgefühl des Schildkrötenpanzers gibt, also beispielsweise eine Berglandschaft. Grundsätzlich könnten auch andere Motive denselben Effekt erreichen, sofern Sie damit Geborgenheit assoziieren.

Um Beständigkeit im Arbeitsleben zu erreichen oder ausreichend unterstützt zu werden (vgl. die Begriffe „Rückhalt" oder „Rückendeckung"), sollten Sie niemals in Ihrem Rücken etwas Schwächendes anbringen. Vermeiden Sie generell Bilder und Motive, die an Unruhe oder Unfertiges erinnern. Ihr Rücken entspricht im übertragenen Sinne Ihrer Vergangenheit – unerledigte Dinge von früher sollten Ihr jetziges Arbeitsleben nicht belasten.

Mobbing-Opfer sitzen falsch

Wird langsam deutlich, warum manche Menschen bevorzugt Opfer von Mobbing werden? Ein extremes Beispiel: In einem New Yorker Gefängnis wurde Schwerverbrechern ein Straßen-Video von Touristen und Einkaufspassanten vorgeführt, mit der Bitte herauszufinden, welche Passanten sie am ehesten überfallen würden. Kaum zu glauben, aber unter den Tausenden Gefilmten wurden mit großer Übereinstimmung nahezu dieselben Personen als Opfer auserkoren. Der Grund: Sie sind in ihrem Auftreten und Gehabe am schwächsten und unsichersten erschienen. Solche Menschen ziehen das Unglück wie magisch an.

Ähnlich verhält es sich bei Mobbing-Opfern, durch schwaches Auftreten bieten sie sich den Angriffen ihrer Kollegen geradezu an. Deshalb ist es wichtig, alles nur Denkbare zu versuchen, um schwache Arbeitsplätze von vornherein zu vermeiden. Falls es bereits zu Mobbing gekommen ist, sollte den Opfern ein Powerspot verschafft werden. Und noch etwas: In den meisten von mir untersuchten Fällen saßen die Angegriffenen mit ihrer Blickrichtung weg vom Team, meist mit direktem Blick aus dem Gebäude. Sie zeigten damit den anderen „die kalte Schulter", was ebenfalls nicht unbedingt Sympathien einbringt. Wenn zusätzlich das Verhalten zu Ärger Anlaß gibt, kann das zu einer beginnenden Ausgrenzung der betreffenden Person führen. Es gibt ausreichend Angriffsfläche für Tratsch und Anfeindungen „hinter ihrem Rücken", und

wenn einmal ein Opfer gefunden wurde, sind Verbündete schnell zur Stelle. Die Situation wird unerträglich, mit vielen bösen Anfeindungen und Leid. Die Betreffenden „werfen entnervt das Handtuch" und kündigen.
Mobbing wird mittlerweile von Experten als eines der größten und unnötigsten Übel der modernen Arbeitswelt angesehen. Um nicht falsch verstanden zu werden: Es ist natürlich immer die Summe vieler Einzelfaktoren, die solch einen Problemfall entstehen lassen, aber durch die Verbesserung des Arbeitsumfeldes wird die Persönlichkeit des betroffenen Mitarbeiters unterstützt und stabilisiert – möglicherweise ergeben sich dann gar keine Mobbing-Anlässe mehr.

Wer anerkennt, was er bei anderen an Gutem findet, der fördert sie im Guten.
Mong Dsi

Der taktische Höhenunterschied

Immer wenn Sie in einer wichtigen geschäftlichen Situation bemerken, daß Ihnen Ihr Gesprächs- oder Verhandlungspartner eine tiefere und vielleicht auch noch bequemere Sitzmöglichkeit anbietet als seine eigene, sollten Sie sofort aufstehen und einen Platztausch vorschlagen. Der andere wird diesem Wechsel nur ungern zustimmen, Sie können davon ausgehen, daß er wußte, warum er sich höher gesetzt hat.
Der Höhenunterschied, und seien es nur wenige Zentimeter, verschiebt die Hierarchie zugunsten des Höhersitzenden. Nicht zufällig unterrichteten Lehrer früher von einem Podest aus.
Ein Bewerbungs- oder Verhandlungsgespräch sollte zu allen Zeiten unter fairen Bedingungen geführt werden. Mein Tip: **Vermeiden Sie allzu bequeme Sitzmöbel für Tätigkeiten, die Ihre volle Konzentration erfordern.** Ihr Körper „übersetzt" weiche, tiefe Sitzmöbel mit dem Signal, sich zu entspannen. Ehe Sie sich's versehen, wird Ihre Stimmung sanfter, und der „verhandlungsgünstiger" sitzende Partner lenkt das Gespräch in seine Richtung.
Achten Sie auf eine aufrechte, konzentrationsfördernde Sitzhaltung. Am besten Sie halten die Wirbelsäule zu allen Zeiten senkrecht und sitzen mit dem Rücken zur Wand. Ein Mitarbeiter mit schwachem Selbstwertgefühl könnte durch das Hochstellen des Stuhles eine höhere und damit stärkere Position bekommen, was wiederum den Selbstwert nährt.

Gegenüberliegende Schreibtische als Stressfaktor

Sehr oft müssen zwei Mitarbeiter an exakt gegenüberliegenden Schreibtischen arbeiten. In diesem Fall ist das Gegenüber der prägende Eindruck. Jedesmal wenn der Betreffende aufblickt und somit „geistig mit der eigenen Zukunft Kontakt aufnimmt", wird diese unbewußt vom Arbeitskollegen mitgeprägt, auf den dasselbe zutrifft. Dies erzeugt bei den Betroffenen

Streß, der auf Dauer sogar bei Menschen, die sich sehr mögen, störend wirken kann. Um diesem Streß zu entkommen, entwickeln nahezu alle Menschen ein ähnliches Verhalten: Zwischen den beiden Tischen wird „Arbeits-Müll" angehäuft, natürlich ganz „unabsichtlich". Die Vorstellung eines völlig freien Tisches ist in dieser Situation unerträglich. Seien Sie daher nicht überrascht, wenn Sie oder Ihre Mitarbeiter es bei solch einer Schreibtischstellung nicht schaffen, den Tisch längerfristig aufgeräumt zu halten.

Kalender, Telefonbücher, Stiftebehälter, Maskottchen, Fotos, Pflanzen, unerledigte Akten ... die Liste der „Energiedämpfer" scheint unendlich. Schließlich wünscht sich jeder Mensch sein eigenes Stück Freiraum. „Wenn das Gegenüber blockiert ist, kann ich es genausogut abschotten", heißt die Devise. Leider reduziert dieses Verhalten den Zugang zum eigenen Potential: Die aufladende Vorderseite (= Phönix) ist teilweise versperrt, oft ist zusätzlich im Rücken kein ausreichender Schutz (= Schildkröte) vorhanden.

Zur Streßverminderung sollte zumindest der Computer seitlich placiert werden, um während der Arbeit am Bildschirm in eine andere Richtung als die des Arbeitskollegen zu blicken. Eine häufige Lösung sind halbhohe Abtrennsysteme, z. B. in Kombination mit einem Aufsatzboden zwischen den beiden Schreibtischen montiert. Natürlich haben sie wie alle anderen Abtrennelemente unterbrechende und blockierende Wirkung („Brett vor dem Kopf"), unter den angenommenen Umständen kann es dennoch eine sinnvolle Variante sein.

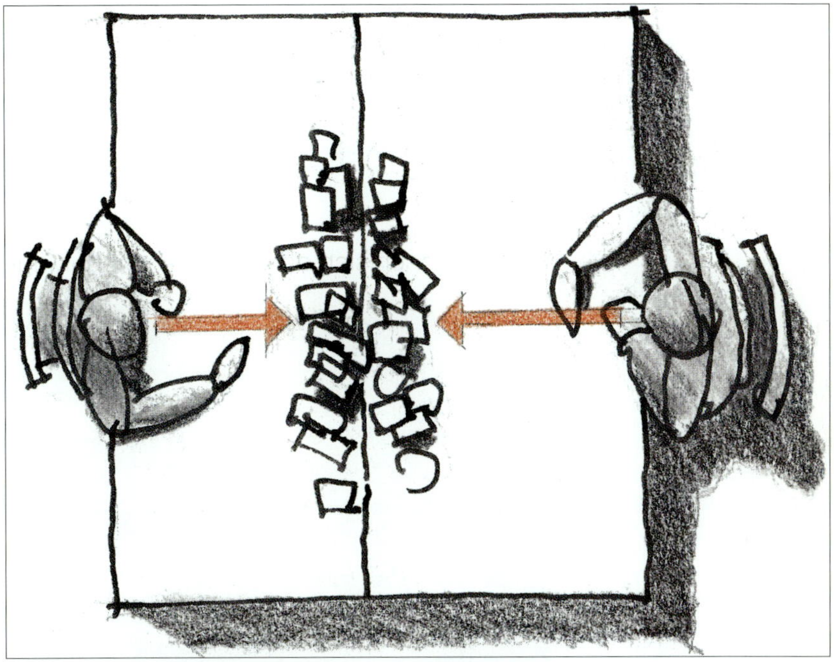

Direkt einander gegenüberzusitzen, erzeugt Streß. Die Betroffenen „vermüllen" den Schreibtisch.

Achten Sie auf eine harmonische Gestaltung. Inspirierende, persönlich stärkende Zierelemente (aber bitte nichts Arbeitsbezogenes) sollten vor einer solchen Trennwand stehen. Geeignet ist alles, was der

Mitarbeiter persönlich auswählt und ihm Freude macht. Mein Tip: Versetzen Sie die beiden Schreibtische um mindestens 30 cm. Sie ersparen sich dadurch andere streßabfangende Maßnahmen, weil Ihnen gegenüber nun wieder ein Stück Freiraum entstanden ist. Sie werden erstaunt sein, wie förderlich sich diese Maßnahme auf Ihr Wohlergehen und Ihre Arbeitsleistung auswirken wird.

Die Problematik von Großraumbüros

Je mehr Menschen im selben Raum arbeiten müssen, um so schwieriger wird konzentriertes Denken und um so mehr leidet das Wohlbefinden der Angestellten. Es ist verständlich, daß Mitarbeiter unter solchen Bedingungen bei der erstbesten Gelegenheit kündigen oder Überlebensstrategien entwickeln, wie sie mit geringstem Aufwand die Zeit bis zur Pensionierung absitzen können. Von Mitarbeitern, die unter solchen Voraussetzungen arbeiten, können Sie keine Höchstleistungen erwarten. Hektik, Konzentrationsfehler und Gleichgültigkeit werden sich auch bei den Motiviertesten breitmachen. Außerdem sind die einzelnen Personen und somit Charaktertypen in Großraumbüros unmittelbarer miteinander konfrontiert als in Einzelbüros. Unter Streß treten persönliche Abneigungen intensiv zutage. Das zeigt sich plakativ in der mittlerweile zum Alltag gewordenen „Vermüllung“ der Arbeitstische. Auf der einen Seite gibt es heutzutage rein ar-

© Contrast

Großraumbüros erzeugen starke Unruhe und sind für konzentrierte Tätigkeiten eher ungeeignet.

beitsmäßig bereits eine derartige Überlastung, daß niemand mehr Lust und Energie zum Aufräumen verspürt, auf der anderen Seite bieten die Papierberge eine hervorragende Möglichkeit, sich zumindest teilweise von den viel zu nahen Kollegen abzugrenzen. In manchen Arbeitsfeldern ist solch eine beengte Arbeitsumgebung zum traurigen Alltag geworden. Betrachten wir z. B. Redaktionsräume von Zeitungen, Rundfunk- und Fernsehsendern: zu viele Menschen, zu dicht beisammen, die Räume zu offen und die Tische zu voll. Sollten Sie in einem solchen Büro arbeiten müssen, gebe ich Ihnen einen einfachen Tip: Ziehen Sie Leine, arbeiten Sie von zu Hause aus, und nutzen Sie die modernen Hilfsmittel der Telekommunikation. Wenn Ihnen diese Möglichkeit nicht offensteht, dann sorgen Sie so weit wie möglich für Abgrenzung, Schutz und Lebendigkeit. Poster, Pflanzen, Raumteiler, persönliche Accessoires oder der Stuhlbezug in Ihrer Lieblingsfarbe – das alles sind zwar Kleinigkeiten, die das Arbeitsleben aber gehörig versüßen können …

Feng-Shui-Merksätze für Grossraumbüros

◁ Auch Großraumbüros sollten einen Eingang haben, der nicht direkt in den Raum hineinführt, damit nicht jedesmal alle aufgeschreckt werden, wenn jemand zur Tür hereinkommt.

◁ Für jene Leute, die hauptsächlich am Computer arbeiten müssen, deren „Phönix"-Aspekt also empfindlich gestört ist (was zu Phantasielosigkeit und blockierter Kreativität führen kann), sollte eine zweite, offenere Blickrichtung geschaffen werden.

◁ Störende Geräte, wie Kopierer oder die zentrale Musikbeschallungsanlage, sind aus dem unmittelbaren Arbeitsbereich in einen Nebenraum zu verbannen.

◁ Akten und Unterlagen, die nicht mehr benötigt werden, sollten zumindest ein Mal jährlich entmistet und ausgelagert werden. Zu viele Akten lassen die Raumenergie stumpf werden.

◁ Alle schneidenden Kanten und die Verlängerungen von Trennwänden sollten etwa durch Pflanzen entschärft werden. Sie reduzieren dadurch Streß, Streit und Eifersüchteleien.

◁ Die Stellwände in Großraumbüros können so genutzt werden, daß die Mitarbeiter mit dem Rücken zur Stellwand (nicht aus Glas) sitzen und durch andere Möbelstücke zumindest teilweise für seitlichen Schutz (Drache und Tiger) gesorgt ist. Außerdem ist dadurch der Blick nach vorne offen.

◁ Für alle Mitarbeiter, die mit fehlender Rückendeckung arbeiten müssen, sind Stühle mit sehr hoher Rückenlehne anzuraten.

◁ Häßliche Verkabelungen sollten so weit wie möglich in den Wänden oder Tischbeinen zum Verschwinden gebracht werden.

Als Ausgleich zur Arbeit in einem Grossraumbüro empfielt sich Sport und viel Bewegung an der frischen Luft.

◁ Die Rückseiten von Monitoren können durch Pflanzen kaschiert werden.

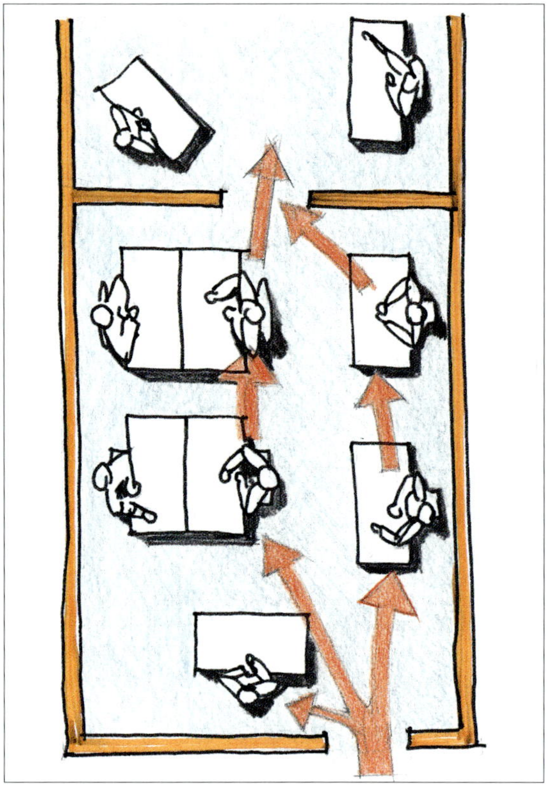

Alle Tische im Durchzug gelten als unruhig.

Feng Shui zwischen den Etagen

Aufzüge sind bestens für das Studium menschlichen Verhaltens geeignet. Je enger die Personen in einem Aufzug beisammenstehen und je eher ein Eindringen in das Energiefeld des anderen stattfindet, um so unruhiger wird die Wartezeit bis zum Aussteigen herbeigesehnt. Jeder starrt schweigend am anderen vorbei zur Leuchtanzeige oder zum einzigen freien Platz, nämlich an die Decke.

Um den beengenden Eindruck aufzulösen, sollten vor allem kleine Lifte mit warmem Licht beleuchtet und wenn möglich mit Hilfe von Spiegeln „geöffnet" werden. Bedenken Sie, daß das beim Aussteigen empfundene Gefühl entscheidet, wie Sie danach in Räume treten – gehetzt oder in entspanntem Zustand?

Treppen sind neben Aufzügen die einzigen verbindenden Energie-Leitbahnen zwischen den Etagen. Es ist daher sinnvoll, den Strom des Chi so leicht und einladend wie möglich in die einzelnen Etagen zu befördern – ein Umstand, der in modernen Bürogebäuden meist nicht mehr gegeben ist.

Achten Sie um so mehr auf eine freundliche und aufmunternde Stimmung im Treppenbereich, strahlendes Licht, warme Farben und freundliche Bilder sind besonders wichtig. Auch sollten Sie auf „architektonische Abenteuer", wie überwiegend aus Glas oder Plexiglas bestehende Treppengeländer oder durchsichtige Bodenelemente, weitestgehend verzichten, da diese Unsicherheit und Instabilität vermitteln. Vermeiden Sie in diesem Bereich alles, was Irritation oder Unruhe hervorrufen könnte, also auch Designerlampen mit spitzen, ins Treppenhaus „zielenden“ Teilen.

Treppen sollten offen und einladend wirken. Die hinaufführende Rolltreppe unterstützt den Chi-Fluß.

Yin & Yang in Räumen

In allen Arbeitsräumen sollte ein ausgewogenes Verhältnis von Yin- und Yang-Energien herrschen (siehe Seite 17 ff.), wobei für erfolgreiches Arbeiten ein gewisser Überschuß an Yang-Kräften (fördern die Aktivität) vorhanden sein sollte.

Sie erkennen **Yin-betonte Räume** (das stagnierende Element überwiegt) an folgenden Kriterien:

- Der Raum blickt auf eine Kirche, ein Krankenhaus, ein Gefängnis, einen Friedhof oder ein Polizeirevier.
- Das gesamte Gebäude steht auf geschichtlich belastetem Boden.
- Es gelangt kein oder nur wenig Sonnenlicht in den Raum. Auch sind meist Gardinen oder Jalousien vor den Fenstern.
- Die vorherrschenden Farben sind Grau, Dunkelbraun, Schwarz oder Blau.
- Die Mauern sind feucht und schimmelig.
- Es herrscht ungewöhnliche Stille.
- Die Räume sind fast leer.
- Es war längere Zeit eine kranke Person in diesem Zimmer.
- Die Fenster sind stets geschlossen, und es mangelt an Frischluft.
- Immer wieder scheinen die Leute in diesen Räumen großes Pech oder Unglück anzuziehen.

So bringen Sie bei einem Yin-Überschuß **mehr Yang** in Ihre Räume:

- Streichen Sie die Wände in strahlendem Rot, Rosa, Orange oder Gelb.
- Verwenden Sie lebhafte Muster und Motive.
- Öffnen Sie die Fenster, und lassen Sie sie so lang wie möglich geöffnet.
- Lassen Sie mehr Licht in die Räume. Entfernen Sie die Stores, öffnen Sie die Gardinen, und trimmen Sie die schattenverursachenden Bäume vor dem Fenster.

Yin und Yang verändern sich jahreszeitlich. Der Sommer ist mehr Yang, der Winter eher Yin.

- Installieren Sie Zusatzleuchten, und lassen Sie eine Lampe ständig eingeschaltet.
- Drehen Sie ein Radio an, und lassen Sie laut Musik laufen.
- Sorgen Sie für ein freudvolleres Umfeld, in dem auch gelacht werden darf.
- Bringen Sie bewegte Objekte, wie Mobiles, Klangspiele oder Ventilatoren, in den Raum.
- Frische Blumensträuße erhöhen ebenfalls die Yang-Energie.

Wenn sich in Ihrem Umfeld **zuviel Yang** befindet, erkennen Sie es anhand folgender Kriterien:

- Sie blicken auf eine stark befahrene Straße, einen belebten Marktplatz oder eine Touristenattraktion.
- Die Räume haben große Glasfronten und sind permanent dem direkten Sonnenlicht ausgesetzt.
- Im Umfeld befindet sich ein Transformator oder eine Hochspannungsleitung.
- Vor dem Fenster erstrecken sich ausgedehnte Fabriksanlagen.
- Sie blicken auf Kamine, die giftige Abgase ausstoßen.
- Im Umfeld herrscht viel Lärm und Streß, etwa von Verkehr oder lauter Musik.
- Die Räume sind buchstäblich mit Gegenständen vollgestopft.
- Es gibt viele rote, schreiende Farben und sehr viel Licht im Raum.
- Die Menschen in diesen Räumen wirken konfus, orientierungslos und überfordert.

So sorgen Sie bei einem Yang-Überschuß für **ausgleichende Yin-Energie** im Raum:

- Schaffen Sie Freiraum für ruhige Momente.
- Bringen Sie dunkle und ruhigere Farben ein.
- Hängen Sie Vorhänge auf, und ziehen Sie sie gelegentlich vor. Reduzieren Sie das Licht.
- Umgeben Sie sich mit schweren Möbeln.
- Trennen Sie sich trotzdem von einem Überschuß an Gegenständen.
- Verwenden Sie einen Regenbogenkristall im Fenster, der die aggressive Yang-Energie in die harmonischen Yang-Regenbogenfarben umwandelt.
- Bringen Sie Yin-Farben ein, wie beispielsweise Blau, Grau oder Schwarz.
- Verringern Sie den Lärmpegel.
- Bringen Sie das Element Wasser in den Raum, beispielsweise als Quellstein oder durch Bilder mit Wassermotiven.

Das richtige Maß

Die richtigen Abmessungen von Möbelstücken, etwa Schreibtischen, und Bildern können erheblichen Einfluß auf die Arbeitsleistung ausüben. Außerdem wird die Wahrnehmung eines Raumes – also ob dieser als harmonisch oder unangenehm empfunden wird – stark von den vorherrschenden Möbeldimensionen geprägt. Bereits aus der Überlieferung alter Kulturvölker wissen wir, daß bestimmte Maßeinheiten als Grundlage für heilige Bauten und wichtige Gegenstände verwendet wurden. Tempel, Kathedralen und Kirchen, ja sogar die biblische Bundeslade, waren nach überlieferten Maßeinheiten und Proportionen ausgerichtet. Dieses Wissen ist in den vergangenen zwei Jahrhunderten nicht mehr als wichtig erachtet worden, deshalb haben die allerwenigsten Menschen in der westlichen Welt eine Ahnung von deren Existenz.

Der Goldene Schnitt

Ein klassisches Beispiel für überlieferte Maßeinheiten und Proportionen ist der Goldene Schnitt, eine Verhältniszahl, die die Beziehung zweier Längen zueinander harmonisch abstimmt. Das entsprechende Verhältnis lautet 3:5:8:13:21 usw., was einem Umrechnungsschlüssel von ungefähr 1:1,618 entspricht. Eine Breite von 5 cm harmoniert mit einer Länge von etwas über 8 cm. Dieses Verhältnis erzeugt Harmonie und wird von uns als „stimmig" empfunden. Mein Tip: Nehmen Sie eine Kreditkarte zur Hand, und vergleichen Sie Länge und Breite.

Auch die Fassaden der alten griechischen und römischen Prachtbauten waren zur Gänze nach den Verhältnissen des Goldenen Schnittes gebaut, ein Umstand, der uns nach Jahrhunderten, selbst Jahrtausenden, solche Gebäude, jenseits aller Modeströmungen, immer noch als schön empfinden läßt. Vieles, was heute entworfen und gebaut wird, ist nach dieser Betrachtungsweise nicht in Harmonie, und unbewußt nehmen wir dies als irritierend wahr. Für unser Wohlbefinden aber braucht unsere Seele ein gewisses Maß an Schönheit und Harmonie.

Im Erfahrungsschatz des Feng Shui ist ein alter Maßstab für harmonische Möbelmaße überliefert. Selbstverständlich kann dieser auch für andere Gegenstände, wie Türen, Fenster, Bilderrahmen, Passepartouts, ja sogar für Werbebroschüren, herangezogen werden. Die Idee ist einfach: Alles ist Energie, folglich kann jeder Sache und jedem Gegenstand eine bestimmte Schwingungs-Frequenz zugeordnet werden. Diese These ist mittlerweile auch wissenschaftlich abgesichert, so daß jede Wellenlänge (wie im Funkverkehr) einem genau definierten Einsatzbereich zuzurechnen ist.

So wußten beispielsweise die alten Römer bei der Planung ihrer Straßen sehr genau, wie sie die unterschiedlichen Materialien miteinander kombinieren mußten, um auf der Oberfläche eine Schwingung zu erzeugen, die exakt der Frequenz der die Füße regenerierenden Heilpflanze Beifuß entspricht. Die Idee dahinter: Wenn es gelänge, die Verbindungen quer über den Kontinent so anzulegen, daß die marschierenden Legionen

Alle Fassaden der griechischen und römischen Prachtbauten wurden nach dem Goldenen Schnitt gebaut.

schnell und doch ausgeruht vorankommen würden, wäre dies ein wichtiges Machtinstrument. Die Soldaten bewegten sich also auf Schritt und Tritt innerhalb eines stimulierenden Energiefeldes von Heilenergie. Der Beifuß wird auch heute wieder zur Linderung von Fußbeschwerden und zur Erholung müder Beine verwendet.
Mit dieser Methode, bestimmte Schwingungen zu erzeugen, gelang es den Römern auch, Wasserleitungssysteme zu bauen, die das Wasser auf einem teilweise sehr weiten Weg noch aufwerteten und energetisierten.

Die Feng-Shui-Maße richtig anwenden

Das harmonische Feng-Shui-Maß hat eine Länge von 43 cm. Diese 43 cm entsprechen

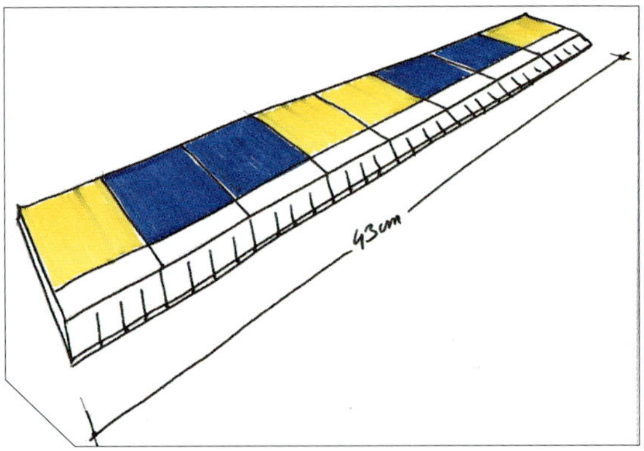

Der Feng-Shui-Maßstab wird in acht gleich große Abschnitte unterteilt.

einer gesamten Grundschwingung und lassen sich in acht gleich große Abschnitte (Dimensionen) aufteilen. Jeweils vier dieser acht Dimensionen gelten als lebensförderliche Schwingungsbereiche, die anderen vier als irritierende und zu Energieverlust führende Resonanzen.

Tabelle der vier förderlichen Dimensionen

Abschnitt	Maße
1	0 bis 5,38 cm
4	16,13 bis 21,50 cm
5	21,50 bis 26,88 cm
8	37,63 bis 43,00 cm

Die Unterteilung der harmonischen Länge in acht gleich große Abschnitte ist ebenso der Natur abgeschaut wie das Ursprungsmaß von 43 cm. Unser metrisches System ist noch gar nicht so alt, wie die meisten von uns annehmen, und es ist ein künstliches, das mit universellen Lebensprinzipien nichts zu tun hat. Nach den 43 cm wiederholen sich die einzelnen Abschnitte immer wieder ähnlich einer Wellenbewegung. Zum Ausmessen einer bestimmten Schreibtischlänge oder -breite legen Sie das gedachte 43-cm-Lineal (Sie können das Maß auf einem Blatt Papier aufzeichnen oder ein Maßband mit Markierungen versehen) so oft an, bis weniger als 43 cm übrigbleiben.

Vergleichen Sie die Länge des restlichen Abschnittes mit nebenstehender Tabelle. Liegt die Zahl außerhalb der angeführten Bereiche, verbreitet das untersuchte Möbelstück irritierende Schwingungen.

Übung: Ein Schreibtisch mit den Maßen 130 x 90 cm würde Ihnen gefallen. Bevor Sie sich für den Kauf entscheiden, möchten Sie seine Dimensionen auf Schwingungen hin analysieren:

In die Länge von 130 cm paßt unser imaginäres Lineal exakt dreimal (3 x 43 cm = 129 cm), und 1 cm bleibt als Rest. 1 cm liegt im Abschnitt zwischen 0 bis 5,38 cm, die Länge des Tisches ist also ein förderliches Maß. Und auch das Breitenmaß scheint günstig, denn das 43er-Lineal paßt zweimal hinein, bei 4 cm Rest. Kaufen Sie den Tisch, an einem solchen Tisch zu arbeiten, wirkt stimulierend und kreativitätsfördernd und verspricht Erfolg.

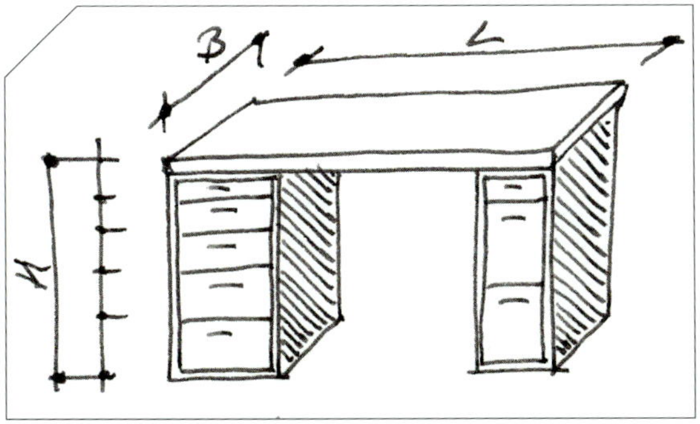

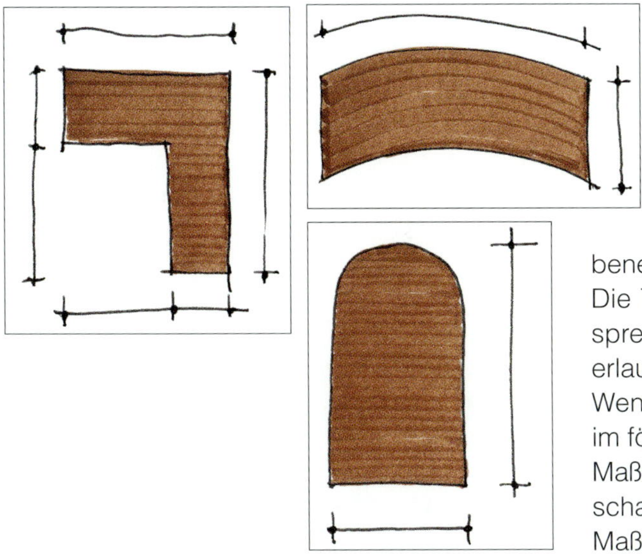

Unregelmäßige Grundrisse werden immer auf ein Rechteck ergänzt und danach gedrittelt.

Die optimale Feng-Shui-Tischhöhe (bis 69 oder ab 81 cm) ist für die mitteleuropäische Körpergröße nicht adäquat, versuchen Sie daher auf jeden Fall, Länge und Breite auf die angegebenen Maße abzustimmen.

Die Tischhöhe sollte Ihren Körpermaßen entsprechen und eine vernünftige Arbeitshaltung erlauben.

Wenn ein Tisch in seinen Abmessungen nicht im förderlichen Bereich liegt, können einfache Maßnahmen die Situation verbessern. Abhilfe schaffen Schreibauflagen in harmonischen Maßen, oder Sie lassen an den Außenkanten der Tischplatte spezielle Kantenleisten anleimen und somit die Größe auf ein harmonisches Gesamtmaß bringen. In

Jeder Gegenstand sendet positive oder negative Schwingungen aus.

manchen Fällen ist auch eine Verkleinerung möglich, unter Umständen sogar durch auf die Arbeitsfläche geklebte oder lackierte Streifen. Seien Sie kreativ, doch wenn eine Umgestaltung nur unter allergrößtem Aufwand möglich ist, lassen Sie die Sache auf sich beruhen, und achten Sie um so bewußter auf eine schöne Gestaltung des Schreibtisches, beispielsweise durch eine blühende Zimmerpflanze oder ein schönes Kristallobjekt. **Wichtig ist nicht das Ausmaß der Veränderung, sondern daß Sie überhaupt eine Maßnahme setzen.**

Viele Hersteller fertigen nach Wunschmassen, Sie müssen also nicht „von der Stange" kaufen.

Mit Maß zum Ziel

Im folgenden finden Sie die günstigen Maße für Möbel, Türen, Fenster, Teppiche und Firmenschilder:

◁ **Glück mit Finanzen**:
0 bis 5,38 cm
43 bis 48,38 cm
86 bis 91,38 cm
129 bis 134,38 cm
172 bis 177,38 cm
215 bis 220,38 cm

◁ **Glück durch Unterstützung**:
16,13 bis 21,5 cm
59,13 bis 64,5 cm
102,13 bis 107,5 cm
145,13 bis 150,5 cm
188,13 bis 193,5 cm
231,13 bis 236,5 cm

◁ **Glück im Beruf**:
21,5 bis 26,88 cm
64,5 bis 69,88 cm
107,5 bis 112,88 cm
150,5 bis 155,88 cm
193,5 bis 198,88 cm
236,5 bis 241,88 cm

◁ **Lebensglück**:
37,63 bis 43 cm
80,63 bis 86 cm
123,63 bis 129 cm
166,63 bis 172 cm
209,63 bis 215 cm
252,63 bis 258 cm

Eine äußerst erfolgreiche Unternehmerin beauftragte mich, Ihren neuentwickelten Verkaufsstand für Kosmetikprodukte nach Feng-Shui-Kriterien zu überprüfen. Wie sich herausstellte, waren nahezu alle wichtigen Regalmaße 43 cm oder ein Vielfaches davon. Die Produkte verkauften sich vom ersten Tag an wie wild.
Um herstellungsbedingte Maßungenauigkeiten auszugleichen, sollten Sie Handwerkern nie die exakten Grenzmaße (z. B. 26,88 cm) vorgeben, kleine Ungenauigkeiten könnten dazu führen, daß eine Länge oder Breite in ein ungünstiges Maß rutscht. Verwenden Sie im Alltagsgebrauch daher die Maßtabelle mit gerundeten Werten auf der rechten Seite.

Die Von-bis-Maße geben den jeweiligen Bereich an, in dem Sie sich bewegen können. Motto: Je öfter eine harmonische Frequenz sich wiederholt, um so klarer die Gesamtenergie des Raumes.

Tabelle mit gerundeten Ideal-Massen			
60-69 cm	124-134 cm	189-198 cm	253-263 cm
81-91 cm	146-155 cm	210-220 cm	275-284 cm
103-112 cm	167-177 cm	232-241 cm	296-306 cm

Farben-Feng-Shui

Bekannt ist, daß Farben auf die Stimmung wirken. Aber haben Sie gewußt, daß sie auch die Wahrnehmung beeinflussen? Glauben Sie nur das, was Sie wirklich sehen? Dann lassen Sie sich einmal überraschen.

Sehen Sie sich diese Tulpe mit kleinem „Schönheitsfehler" an. Der Stiel ist rot, der Kelch ist grün. Betrachten Sie dieses Bild dreißig Sekunden lang, und konzentrieren Sie sich nur auf das weiße Dreieck in der Mitte. Dann legen Sie das Bild zur Seite und schauen auf ein weißes Blatt. Merken Sie, was passiert ist? Die Tulpe ist noch da, aber die Farben sind vertauscht. Nun ist der Kelch rot und der Stiel grün. Das ist das Phänomen der Austauschbarkeit von Komplementärfarben.

Die Wirkung von Farben

Dunkle Farben verkleinern die Räume. Blau im Hintergrund erzeugt mehr Tiefe. Wenn Sie also ein Möbelstück in den Vordergrund stellen wollen, placieren Sie es vor Dunkelblau oder Dunkelrot.

Farben sind vom Menschen körperlich wahrnehmbar. Wenn Sie der Farbe Gelb einen Schuß Rot beimengen, erhöht sich der Blutdruck des Betrachters. Das gilt ebenso für blinde Menschen.

Übung: Geben Sie jemandem ein Stück rot oder blau gestrichenes Holz in die Hand, und fragen Sie nach dem Gewicht. Sie werden eine Antwort wie „200 Gramm" erhalten. Das gleiche Stück Holz gelb gestrichen empfindet der Betrachter nur als ca. 150 Gramm schwer.

Wenn Sie einen türkis gestrichenen Raum auf 20° temperieren, empfindet ihn der Betrach-

Die Farbe Rot beschleunigt Atmung, Puls und Blutdruck, Blau beruhigt alle Körperreaktionen.

ter als um 3° kälter. Belassen Sie die Temperatur und streichen den Raum rot, schätzt der Betrachter die Temperatur auf 24°.

© Helmut Weyh

Blau im Hintergrund erzeugt mehr Tiefe. Wenn Sie jemanden oder etwas in den Vordergrund stellen wollen, wählen Sie Dunkelblau oder Dunkelrot.

Auch nach dreißig Minuten meditativer Musik verändert sich beim Menschen die Farbwahrnehmung. Manche beispielsweise vertragen dann kein intensives Gelb. Befragt man diese Personen nach ihrer Kindheit, stellt sich heraus, daß sie häufig schlechte Erfahrungen im Kindesalter gemacht haben.

Für intensive geistige Konzentration empfiehlt es sich, die Farbe Violett stärker ins Blickfeld zu bringen, Rot gilt als die den Körper am meisten aktivierende Farbe. Um eine Überaktivierung zu vermeiden, können Sie die Farben Braun und Grün (reduzierter Rotanteil) einsetzen, da sie Aktivität vermindern. Dieser „Trick“ wird besonders in der Gastronomie eingesetzt.

Blau wird von den meisten Menschen als Lieblingsfarbe genannt, viel weiter hinten in der Reihung findet sich Rot und noch weiter hinten Grün.

© Helmut Weyh

Dezente Wandfarben durch schichtweises Auftragen in Lasurtechnik.

Einen Raum farbig zu gestalten, erzeugt kaum Mehrkosten. Wenn Sie z. B. die Tür in Blau streichen, könnten Sie die Türzarge mit Blende und eventuell noch eine Leiste in einem dazupassenden Blauton einfärben.

Aus dem alten Rom ist eine ideale Feng-Shui-Technik bekannt: das Auftragen der Farbe in verschiedenen Schichten. Dadurch entsteht Lebendigkeit, und tiefe Strukturen werden sichtbar.

Eine westliche Betrachtung der Farben

◁ **Blau**: stärkt die Abwehrkraft, kühlt, beruhigt. Symbol für Unendlichkeit, Weite und Sehnsucht.

◁ **Violett**: aktiviert geistige Reinigungskräfte. Steht für Mystik, spirituelle Erneuerung, Macht.

◁ **Rot**: regt Herz, Blut und Kreislauf an. Fördert Dynamik, Aggressivität und Liebe/Haß, Kontrolle, Lebenskraft.

◁ **Orange**: stimulierend, verdauungsfördernd und atmungsanregend.

◁ **Gelb**: Farbe des Gehirns, der Nerven, des Denkens, des Sprechens und der Kommunikation. Gelb belebt und aktiviert, macht hell, heiter, sonnig. Wirkt anregend, fördert Optimismus, Weisheit, Harmonie.

◁ **Grün**: unterstützt Ausgewogenheit, Gleichgewicht und Selbstbeherrschung. Entspannt, beruhigt und gleicht aus. Symbol für Hoffnung und Jugend.

◁ **Rosa**: unterstützt Zartheit, Lichtheit und Weiblichkeit.

Saftiges Grün im Büro

Gesunde Pflanzen sollten in keinem Büro fehlen, sie steigern die Raumenergie und symbolisieren durch ihr saftiges Grün das Element Holz, das Neubeginn, Aufbruch, Veränderung und Lebendigkeit unterstützt (siehe Seite 109).

Daß vor allem in Ballungsräumen die Luftqualität sehr schlecht ist, wissen wir. Die Schadstoffbelastung an unseren Arbeitsstätten kann jene an stark befahrenen Kreuzungen sogar noch übertreffen. Doch nur eine Minderheit zieht daraus Konsequenzen. Immerhin halten wir uns bis auf wenige Ausnahmen durchschnittlich 90 % des Tages in geschlossenen Räumen auf. Wenn ein Großteil der Mitarbeiter über Symptome wie Abgeschlagenheit, Kopfschmerz, Reizung von Augen, Nase und Rachen, Husten, Atemwegsinfektionen, Nebenhöhlenverstopfung, Heiserkeit oder Schwindelgefühl klagt, dann liegt laut WHO das „Sick Building Syndrome" vor. Vor allem betroffen sind Beschäftigte in modernen Verwaltungs- und Bürogebäuden, Krankenhäusern sowie Schulen.

Klimaanlagen mit Umluftbetrieb, vollständige Abschirmung vom Außenklima, Isolation gegen Wärmeverluste, moderne Leichtbauweise und die schädlichen Dämpfe von Einrichtung und Baumaterialien gelten als die Hauptverursacher schadstoffbelasteter Raumluft.

Das Zusammenwirken unterschiedlicher Schadstoffe ist weitgehend unerforscht – mittlerweile nehmen die Krankheitsbilder und Allergien weiter zu. Schon geringe Schadstoffmengen können bei empfindlichen Menschen zu Unbehagen und Atembeschwerden mit gleichzeitigem Nachlassen der Leistungsfähigkeit führen, ohne daß jedoch die Betroffenen richtig krank

Bevorzugen Sie rundblättrige Pflanzen im Gegensatz zu stacheligen und spitzblättrigen im Sitzbereich.

werden. Auch alte Kopiergeräte (Ozon) oder Zigarettenrauch können die Büroluft verschlechtern. Das Rauchen erzeugt alleine mehr als 2.000 schädliche Stoffe, darunter auch Formaldehyd.
Vor allem bei dichten Energiesparfenstern und wenn viele Menschen im Raum sind, ist es auf jeden Fall anzuraten, regelmäßig einige Minuten lang gründlich zu lüften. Öffnen Sie die Fenster ganz (kippen ist zuwenig), und lassen Sie die Luft ordentlich zirkulieren.
Einige Pflanzen wurden mittlerweile als hervorragende biologische Luftfilter erkannt, wobei davon ausgegangen werden kann, daß jede Pflanze gewisse reinigende Funktionen ausführt. Zum Reinigen von Luftschadstoffen versprechen Strauchmargerite, Araceae und Steckenpalme, Chrysantheme, Gerbera, Pfeilwurz, Drachenbaum, Birkenfeige, Efeu, Einblatt, Schwertfarn und Azalee Erfolg. Zur Steigerung der Raumenergie gelten Grünlilie, Orangen- oder Zitronenbaum, Drachenbaum, Topfrose, Zimmerbambus und Schwertfarn als ausgesprochene Kraftbündel.

4. Die Fünf Elemente

Es begann mit dem Umzug ...

„Seit Sie umgezogen sind, läuft alles schief?“ Oft klagen Unternehmer, daß sie es bereuen, umgesiedelt zu sein. Aussagen wie „früher war alles viel einfacher“ oder „ich habe den Eindruck, daß wir hier nicht alt werden“ geben die verzweifelte Erkenntnis wieder, daß die alte Harmonie verlorengegangen ist. Wie kann das geschehen, sind doch alle anderen wesentlichen Bereiche gleichgeblieben?
Hier zeigt sich, daß ein Standort auch nach anderen Kriterien zu beurteilen ist, als nach Quadratmeterpreis und Nutzfläche. Bei der Suche nach einem neuen Büro oder Geschäftslokal kann viel mehr schiefgehen, als Sie annehmen würden. Neben der Grundrißform (Bagua) und der Raumnutzung (Powerspot, Blickrichtung, Möblierung, Farben) müssen zwei wichtige Aspekte immer vorweg berücksichtigt werden. Sollten diese nicht stimmen, ist von einer Übersiedlung abzuraten, denn das Leben an Ihrem neuen Standort würde sich höchstwahrscheinlich schwierig gestalten. Klären Sie daher unbedingt folgende Fragen:

1. Was ist die vorherrschende Elemente-Energie des Umfeldes?
2. Wie paßt das Umfeld zu Ihrem Geschäftstyp?

Ein Betriebsgebäude sollte sich harmonisch in das Umfeld eingliedern.

Der Fünf-Elemente-Zyklus

Wenn wir den alten Meistern des Feng Shui Glauben schenken, versteckt sich hinter allem Sichtbaren und Unsichtbaren immer eines der Fünf Elemente (Fünf Wandlungen). Das sind **Erde, Metall, Wasser, Holz** und **Feuer**. Sie

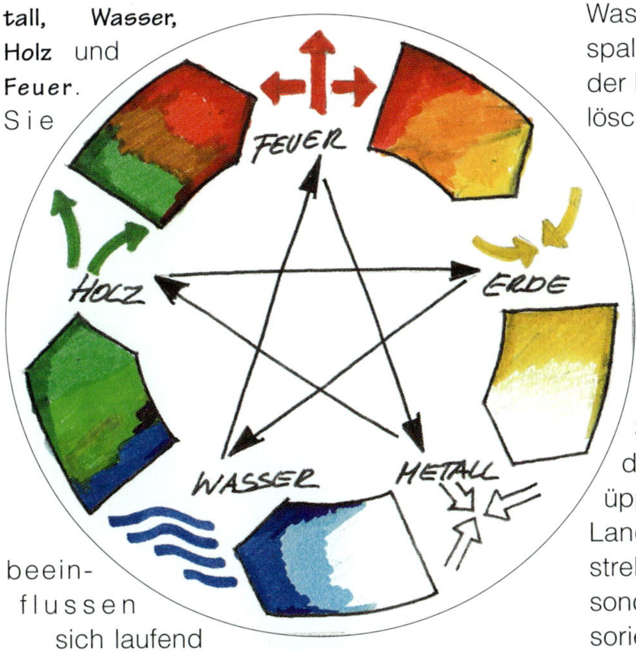

beeinflussen sich laufend gegenseitig, d. h. entweder sie fördern oder sie kontrollieren einander. So unterstützt beispielsweise Wasser Holz beim Wachsen, Holz erzeugt Feuer, Feuer wird über Asche zu Erde, aus der wiederum Metalle geborgen werden. Im geschmolzenen Zustand wird Metall flüssig, was dem Wasser-Element entspricht, das wiederum Holz nährt … ein endloser Kreislauf, der im Idealfall immer wieder durchlebt werden sollte. Schließlich ist das Leben Wandlung, ein kontinuierlicher Veränderungsprozeß.

Dem Zyklus der Kontrolle entsprechend löscht Wasser Feuer, Feuer schmilzt Metall, Metall spaltet Holz, Holz gewinnt seine Nährstoffe aus der Erde, Erde lenkt Wasserläufe, und Wasser löscht Feuer.

Die Formen der Elemente

◁ **Holz-Energie**: aufstrebend wie ein Baum. Überwiegend aus Holz errichtete Gebäude, Holzzäune, aber auch hohe, schmale Gebäude, Masten, Türme, Schornsteine, Säulen oder Fahnenstangen definieren ein Holz-Umfeld. Fruchtbares, mit üppigen Pflanzen und Wäldern bewachsenes Land gilt ebenso als Holz-dominiert. Die aufstrebende, frühlingshafte Holz-Qualität ist besonders förderlich für ein kreatives, wachstumsorientiertes Arbeitsklima. Zur Holz-Energie zählen auch ovale und stehend rechteckige Formen.

◁ **Feuer-Energie**: aktiv und inspirierend. Berge mit spitzem Gipfel, Gebäude mit scharfen Kanten oder spitzen Dächern, pyramidenförmige Strukturen, Türme mit steiler Dachform oder pfeilartige

Hinweisschilder erzeugen Feuer-Energie. Am Fuße spitzer Berge zu leben, kann inspirierend wirken, vor allem für spirituelle, intellektuelle und akademische Vorhaben.

◁ **Erd-Energie**: zentrierend und stabil. Eine vorwiegend flache Landschaft erzeugt Erd-Schwingung, wie auch abgeflachte Berge oder Gebäude mit betont horizontaler Ausdehnung; außerdem Bungalows, Fabrikshallen oder Gebäude mit Flachdächern. Erdformen sind Quadrate oder Schachtelformen. Das Erd-Element unterstützt Dauerhaftigkeit , Sicherheit und Stabilität.

◁ **Metall-Energie**: für Konzentration und Exaktheit. Weich fließende und sanft gerundete Hügel oder Gebäude mit Kuppeln weisen eine typische Metall-Schwingung auf. Auch gerundete Unterführungen, Arkaden, Stützen, Bögen, Kurven, kreisrunde Strukturen sowie Burgen, Schlösser und luxuriöse Anwesen gelten als Metall-betont. Ein solches Umfeld ist förderlich für konzentriertes Denken und exaktes Arbeiten sowie für Angelegenheiten, die mit Finanzen zu tun haben.

◁ **Wasser-Energie**: kommunikativ und fließend. Jedes fließende oder stehende Gewässer im Umfeld erzeugt eine starke Wasser-Schwingung, wie auch abwechslungsreiche und stark strukturierte Landschaften. Als Gebäudeformen mit überwiegender Wasser-Energie gelten unregelmäßig geformte, scheinbar zufällig zusammengewürfelte Häuser oder solche mit hohem Glasanteil in der Fassade. Deren fließende Qualität fördert Kommunikation, Wissen, soziale Interaktion, Geselligkeit und Entspannung.

Was ich baue,
bin ich.
Was ich bin,
baue ich.
Harald Jordan

Die Fünf Elemente und ihre Bedeutung

Element	Holz	Feuer	Erde	Metall	Wasser
Jahreszeit	Frühling	Sommer	Spätsommer	Herbst	Winter
Tageszeit	Morgen	Mittag	Spät-nachmittag	Abend	Nacht
Farbe	Grün	Rot	Gelb	Weiß	Blau/Schwarz
Symbol für	Leben, Neubeginn, Wachstum, Kreativität	Energie, Intelligenz	Stabilität, Dauerhaftigkeit, Beständigkeit	Materie, Geld, Geschäftssinn, Durchsetzung	Kommunikation, Transportwesen

Die Elemente in Ihrem Umfeld

Alte Handwerkerstraßen hatten eines gemeinsam: In derselben Region wurde ein und derselbe Geschäftszweig von Dutzenden Kleinunternehmern ausgeführt. Der Kunde hatte die Wahl und die Betriebe den Vorteil, daß für alle Unternehmer in dieser Straße eine ähnliche Schwingung vorherrschte. Das Umfeld war gewissermaßen geprägt von einer ganz spezifischen Ausstrahlung.

Heute ist das anders. Neben Wohnhäusern findet man Supermärkte, Boutiquen, Zeitungshändler, Immobilienmakler, Arztpraxen und Cafés nebeneinander. Die Umfeldenergie jedes einzelnen Betriebes wirkt nun auf die anderen, doch was für den einen günstig sein mag, kann für den anderen ein falsches Ambiente abgeben. Beobachten Sie daher Ihr Umfeld, und versuchen Sie festzustellen, welche dominanten Einflüsse vorherrschen.

Am besten stellen Sie sich gleich jetzt an Ihr Bürofenster und betrachten die umliegende Landschaft und die Gebäude. Wie wirkt Ihr Umfeld auf Sie? Überwältigend? Laut? Blicken Sie auf Hochhäuser, einen Friedhof oder die Feuerwehr? Oder öffnet sich Ihr Blick in eine weite Landschaft mit See- und Bergpanorama?

Jedem Gebäudetyp ist eine spezifische Energie zugeordnet, ebenso je-

Holzformen sind hoch aufragend, wie Bäume, Säulen, Masten oder Hochhäuser.

Das Element Erde zeigt sich durch flache, horizontale Formen.

Dem Feuer-Element sind spitze und dreieckige Formen zugeordnet.

Metallische Formen sind rund, halbrund oder kuppelförmig.

Alles Wellige und Unregelmäßige wird dem Wasser-Element zugeordnet.

der Landschaft. Eine Ebene erzeugt andere Stimmungen als die Skyline von New York oder der Blick aufs Meer. Analysieren Sie Ihr Umfeld nach den Formen der Fünf Elemente.
Ordnen Sie nun noch Ihren Unternehmenstyp richtig zu, und Sie werden feststellen, warum es an Ihrem momentanen Standort besonders gut oder schlecht für Sie läuft.

Wählen Sie Ihr Umfeld je nach Beruf, korrigieren Sie allfällige Defizite nach dem Fünf-Elemente-Zyklus.

Welches Element entspricht Ihrem Beruf?

Sie sind **Gärtner** – Ihr Produkt sind Pflanzen. Daher ist Ihr Element Holz und nicht Erde, Erde ist lediglich das Werkzeug für Ihr Endprodukt.
Sie sind **Bäcker, Gemüsehändler oder Gastronom**: Ihr Produkt ist Nahrung für Menschen, also ist Ihr Element Holz, da Nahrung Leben erzeugt.
Sie sind **Software-Entwickler** – das ständige Arbeiten an innovativen Programmen erfordert Intelligenz und Wissen. Da der Ablauf mit elektrischem Strom arbeitet, entspricht er dem Element Feuer. Zusätzlich erfordert Ihre Tätigkeit viel Kreativität, also fügen Sie noch Holz hinzu.
Ist das Prinzip klar? Überlegen Sie, was Ihr übergeordneter Tätigkeitsschwerpunkt ist, welches „Produkt" Sie bei Ihrer Arbeit herstellen. Dies ergibt das Hauptelement Ihres Berufes bzw. Unternehmens.
Sie sind **Journalist** und möchten in Ihrem Heimbüro eine förderliche Arbeitsumgebung schaffen. Wie sollte das Umfeld aussehen, welche Farben wären ideal? Die meisten in der Medienbranche Tätigen betrachten ihre Arbeit als besonders kreativ und intellektuell. Dementsprechend wäre ihnen als Hauptelement Holz oder Feuer zuzuordnen.
Wenn Ihr Feng-Shui-Element Holz ist, werden Ihnen hochstrebende Formen, Säulen, Zimmerpflanzen und üppiges Grün im Außenbereich guttun. Förderlich für Holz ist das Element Wasser, also die Farben Blau und Schwarz oder Wasser im Bild, als Zimmerbrunnen oder als Muster. Auch Gardinen verstärken durch ihre wellige Form das Wasser-Element.
Wenn Sie im **mittleren Management** tätig sind, als Leiter der Personalabteilung etwa, dann sind Ihr kommunikatives Talent, Ihre Menschenkenntnis und Ihre Fähigkeit im Lösen sensibler Mitarbeiterthemen besonders gefragt. Wasser ist Ihr Hauptelement, und somit alle Farben, Formen und Hilfsmittel, die dem Wasser entsprechen. Um das Wasser noch extra zu fördern, können Sie sich der Farben und Ausdrucksformen des Metalls bedienen, denn Metall „nährt" Wasser – ganz nach dem Muster des förderlichen Fünf-Elemente-Zyklus.

Richtig planen

Wenn Sie planen, ein neues Betriebsgebäude zu errichten, dann legen

Sie es so an, daß es durch die richtige Bauform, eine stimmige Raumaufteilung und ein dem Umfeld angepaßtes Äußeres die Elemente so optimal wie möglich nutzt. Lernen wir von der Natur, diese sorgt von selbst für Ausgewogenheit und Harmonie, indem sie die Fünf Elemente miteinander kombiniert. Ein Bach paßt immer in seine Umgebung, ein Berg stets in die Landschaft – warum gilt das nicht für Gebäude und Arbeitsräume?

Elemente harmonisch kombinieren

Eine kreative und wachstumsorientierte Kombination von Elementen tritt auf, wenn das dominierende Element einer Landschaft und das eines Gebäudes übereinstimmen oder die beiden Elemente im förderlichen Wandlungs-Zyklus nebeneinanderliegen. Ein Holzhaus paßt zum Wasser des Sees, da Wasser das Holz nährt, ein Feuerhaus nicht, weil Wasser Feuer kontrolliert.

Ungünstig auf ein Unternehmen kann sich ein Gebäude auswirken, wenn die Erscheinungsform des Bauwerkes einen falschen Eindruck erweckt: Ein quadratisches Bauwerk kann für den Erfolg einer Bank nur förderlich sein, weil es den Eindruck von Solidität und Sicherheit vermittelt, während eine Bank in einem unregelmäßig geformten Bau bei den Kunden das Gefühl von Unruhe und Instabilität auslösen könnte. Wenn das Element des Gebäudes zum Geschäft paßt, sind die Erfolgschancen höher.

Die richtige Innenraumgestaltung

Auch in Innenräumen kann es zu einem Überschuß oder Mangel eines Elementes kommen. Achten Sie bei der Anwendung der Fünf Elemente auf Vielfalt und einen harmonischen Ausgleich. Die ideale Umgebung sollte alle Fünf Elemente zumindest teilweise enthalten. In Erfolgsräumen sind die Elemente ausgewogen vertreten. Ein solcher Raum beginnt der Natur zu ähneln.

In Erfolgsräumen sind die Elemente ausgewogen vertreten.

© Petra Spiola

5 Geschäft & Laden

Der erste Eindruck

Wie wichtig die Magie des ersten Augenblickes ist, wissen wir aus unserem täglichen Leben. Lange bevor wir mit einem Menschen das erste Wort gewechselt haben, „weiß" unsere Psyche, mit wem wir es zu tun haben. Von nun an erleben wir alles, was mit dieser Person in Zusammenhang steht, durch den Filter des Ersteindruckes. Jenen Menschen, die ein gutes Auftreten haben, begegnet man von vornherein wesentlich positiver, man verzeiht ihnen auch Fehler eher als denjenigen, die unsicher oder unsympathisch wirken.
Eine der wichtigsten Fragen ist daher, welchen Eindruck Sie auf Ihre Umwelt machen. Und zwar sowohl als Person, als auch durch Ihr Büro, Ihr Personal, Ihr Firmenlogo, Ihre Geschäftspost etc.

© Felix Austria

Der erste Eindruck zählt. Ein freundliches Vordach wirkt nicht nur beschützend, sondern vergrößert auch die „Aura" des Eingangs.

Das Äussere Erscheinungsbild

Gäste, Kunden, Mitarbeiter und Sie selbst sollten beim Betreten des Büros von einer angenehmen Atmosphäre empfangen werden. Es ist unabdingbar, daß auch das Unternehmen als Ganzes, unabhängig von seiner Größe, Struktur und von den Produkten, die es herstellt oder vertreibt, einladend wirkt. Das äußere Erscheinungsbild ist immer und überall ein wichtiges Signal.
Findet sich der Gast auf Anhieb zurecht, ohne lange suchen oder fragen zu müssen? Wirkt die Anlage gepflegt? Ist sie gut beleuchtet? Ist der Haupteingang klar erkennbar und freundlich? Oder wird er durch parkende Autos blockiert? Ist das Firmenschild gut sichtbar? Das sind Kleinigkeiten, doch in Summe oftmals entscheidende Faktoren für Erfolg oder Mißerfolg.
Was meinen Sie: Welche Kunden sind zufriedener – jene, die durch ein trostloses, düsteres und verschmutztes Entree hereinkommen,

oder diejenigen, die mit freundlicher und heiterer Stimmung empfangen werden?

Analysieren Sie Ihr Umfeld. Was würde einem Gast besonders auffallen? Sorgen Sie für Klarheit, wo immer Sie können. Beschilderungen und Leitsysteme sollten auf den ersten Blick erkennbar sein und nicht zusätzliche Verwirrung hervorrufen. Unmittelbar vor der Eingangstür haben Parkplätze nichts zu suchen. Gestalten Sie diesen Bereich wie einen Vorplatz, einladend und Energie-sammelnd. Werten Sie die gesamte Eingangszone mit Licht, Farben, Pflanzen oder einer besonders attraktiven Bodengestaltung auf. Viele Hotels haben das von jeher richtig gemacht – lernen Sie davon. Der Besucher sollte sich wie ein König fühlen. Entfernen Sie alles Herumstehende, und öffnen Sie dadurch Flure und Gehwege einem verbesserten Energiefluß.
Auch Bewegung aktiviert Energieflüsse. Wenn Flaggen gehißt werden, stärkt dies das Umfeld und das Selbstbewußtsein. Um Aufmerksamkeit zu wecken oder die Ausstrahlung von Lebendigkeit und Frische zu fördern, setzen Sie die aktivierende Kraft von Flaggen, Wimpeln und allen anderen sich bewegenden Objekten ein.

Auch in Innenräumen lassen sich auf einfache Weise bewegende Elemente integrieren, beispielsweise in Form von Mobiles oder Ventilatoren (siehe Seite 58).

Der Erfolgs-Eingang

Der Eingang ist der „Chi-Mund“ des Geschäftes. Er ist gewissermaßen eine Brücke zwischen innen und außen. Hier entscheidet sich, wer ins Gebäude eintritt und vor allem mit welchem Gefühl. Ein Geschäftslokal möchte so

© RCM-Design

Die Fassade eines Verkaufslokales sollte einen Blick ins Innere und auf die Waren zulassen.

viele Kunden wie möglich anziehen, die dann hoffentlich in der Stimmung sind, viel einzukaufen. Ein Privatgebäude sollte die Menschen freundlich empfangen, gleiches gilt für den Arbeitsplatz. Mittlerweile wird von einigen Unternehmen viel Kreativität, Design und Geld investiert, um das Geschäftsportal für die Kunden möglichst attraktiv und einladend zu gestalten. An die Mitarbeiter wird oft kein Gedanke verschwendet. Anders als die Kunden werden diese im Laufe eines Tages möglicherweise mehrere Dutzend Male ihre Arbeitsräume durch die Tür verlassen und betreten.

Feng-Shui-Merksätze für den Eingangsbereich

Die Devise beim Eingang: Herzlich Willkommen!

◁ Jeder Eingang sollte so attraktiv wie möglich gestaltet sein. Dies gilt auch für Nebeneingänge.
◁ Türen sind Übergänge von außen nach innen, vom Flur in den Raum usw. Sie stellen gewissermaßen eine Schleuse dar, die jedesmal beim Durchschreiten die Menschen und ihr Energieniveau verändert. Sie können daher gar nicht genug Aufmerksamkeit auf Türen legen. Entfernen Sie alle Hindernisse, und sorgen Sie für ungehinderten Eintritt. Hineinversetzte Eingänge, Automatik- oder Drehtüren können bei sinnvoller Anordnung und entsprechender Größe so etwas wie eine unsichtbare „Sogwirkung" nach innen erzeugen. Drehtüren gelten als ideale Abschirmer von störenden Einflüssen.
◁ Eingänge und Türen können durch das Umfeld in ihrer Ausstrahlung geschwächt werden, z. B. wenn eine aggressive Hauskante auf den Eingang zeigt, wenn eine Säule den Eingang blockiert oder eine Straße unmittelbar auf das Haus zuläuft.

Als irritierend wird alles empfunden, was die Lebensenergie durch äußere Einflüsse stört. Feng-Shui-Experten warnen eindrücklich davor, im Einfluß solcher Sha-Energie zu schlafen, zu arbeiten oder zu wohnen. Diese unsichtbaren Energielinien, die im Gegensatz zur förderlichen Lebensenergie nicht zirkulieren, schießen wie unsichtbare Pfeile aufs Gebäude und somit ins Energiefeld der Menschen. Erzeuger von schneidendem Sha-Chi sind neben den bereits erwähnten Elementen alle scharfkantigen und spitzen Strukturen sowie lange Geraden. Dazu zählen Hauskanten, Dachkanten und Dachfirste, Straßen, Kanäle, Leitungen, Geleise, Brücken, Säulen, Hinweisschilder, Straßenlampen etc.

Der blockierte Eingang

Wenn eine Säule den Eingang blockiert, dann gilt dies als besonders unerfreuliches Feng Shui. „Der Mund" darf unter keinen Umständen in seinen Aufnahmemöglichkeiten behindert werden, deshalb sollten zu nahe Mauern oder Bäume, Laternen, Hinweistafeln, Kunstwerke oder große Steine vor dem Eingang entweder bereits bei der Planung verhindert oder wenn möglich nachträglich versetzt bzw. durch Feng-Shui-Maßnahmen abgefangen werden.
Besonders problematisch sind große, eckige Säulen. Sie verdunkeln den Eingang und werfen mit den Kanten schneidendes Chi in Richtung Tür. Dies schwächt das

Energiefeld des Einganges und das der hinein- und hinausgehenden Menschen. Zwar nicht ideal, aber besser wäre eine runde Säule vor dem Eingang, die das Chi leichter fließen läßt und keine aggressiven Energien verursacht. Je kleiner die Säule, desto geringer die schädigende Wirkung. Hier zeigen uns die Baumeister der Vergangenheit, daß es bessere Lösungsmöglichkeiten für solche Problemsituationen gibt: zwei runde, etwas dünnere Säulen, links und rechts vom Eingang so angeordnet, daß sie einen einladenden Trichter erzeugen.

Durch eine Verspiegelung könnte eine Säule zumindest optisch teilweise aufgelöst werden, auch auflockernde Bepflanzung könnte der Säule ihre Härte nehmen (immergrüne, winterharte Kletterpflanzen). Zumindest sollten die Kanten angeschrägt und die Säulen in warmen und hellen Farben gestrichen werden. Weiters kann durch Zusatzbeleuchtung und dekorative Aufwertung des gesamten Eingangsbereiches einladendes Chi erzeugt werden. Dies ist notwendig, um das Bewußtsein von der blockierenden Säule wegzulenken und gleichzeitig eine unwiderstehliche Sogwirkung nach innen aufzubauen. Denken Sie daran, daß der Bereich sowohl beim Hinein- als auch beim Hinausgehen eine harmonische Stimmung beim Gast erzeugen sollte.

Wenn zwei Türen knapp nacheinander folgen, beispielsweise die Eingangstür und die Tür des Windfangs, so sollten sie die gleiche Öffnungsrichtung haben. Andernfalls könnte durch die entgegengesetzten Öffnungsbewegungen der Energiefluß der Eintretenden irritiert werden.

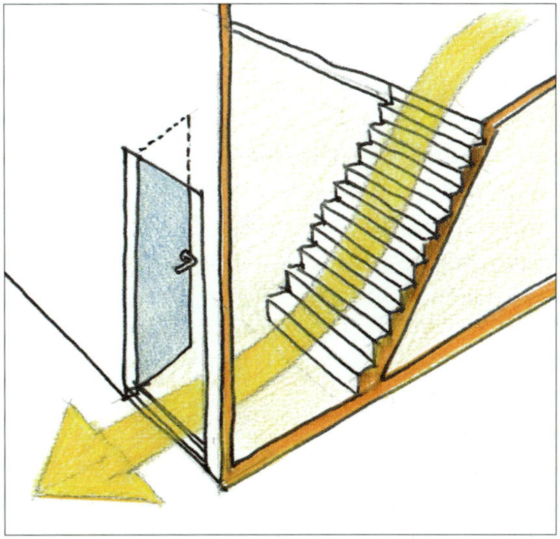

Wenn die Treppe unmittelbar auf den Eingang zuläuft, sollte durch „energieverteilende“ Boden- oder Deckengestaltung für eine Umlenkung des Chi-Flusses gesorgt werden.

Die unbewußt aufgenommene Signalwirkung wäre in einem solchen Fall: Bitte draußenbleiben. Die Folgen solcher Irritierungen zeigen sich oft erst viel später, etwa als Überreagieren bei kleinen Pannen oder als Wechseln der Kunden oder Mitarbeiter zum Konkurrenten.

Durch die Verlege-Richtung des Bodens kann man den Besucher in die gewünschte Richtung lenken.

Energien richtig lenken

Gleich beim Eingang einen untergeordneten Raum zu erblicken, z. B. den Abstellraum, lenkt Energie in falsche Kanäle. Da es im Regelfall sehr schwierig sein wird, die Tür zum Abstellraum, Keller oder zur Kaffeeküche so umzulegen, daß keine direkte Blickverbindung mit dem Eingang besteht, sollten „aufmerksamkeitslenkende" Gestaltungsmerkmale eingeführt werden. Sie ziehen den Blick und die Wahrnehmung der eintretenden Personen in bessere Bereiche. Eine dominante Placierung der Rezeption kann dabei gleichermaßen helfen wie das Lenken der Aufmerksamkeit durch Bodenmusterung, Lichtsysteme oder auffallende Farbakzente. Auch eine gut in Szene gesetzte Plastik oder ein Blumenbukett kann ein solches Highlight abgeben. Selbst ein einfaches rotes Ledersofa vor einer bunten Wand schafft ein stimulierendes Eintrittsambiente. Und auch hier sollten Sie die Installation eines auffälligen Wasserobjektes in Betracht ziehen. Die Möglichkeiten sind vielfältig und die Wirkung bei guter Ausführung effizient.

Ähnliches gilt für eine Treppe, die unmittelbar auf den Eingang zuläuft. Im Feng Shui heißt es, daß solche Treppen die Symbolik ausstrahlen, daß das Glück beständig nach oben steigt (was besser ist, als beim Eintreten der nach unten führenden Treppe gegenüberzustehen). Meiner Meinung bedeutet eine so dominante Treppe, sofern sie nahe beim Eingang liegt, daß das dort ansässige Unternehmen Unbeständigkeit bzw. permanentes „Auf- und Ab" erlebt. Um dies zu vermeiden, sollte die Unternehmensphilosophie darauf zielen, stabile und klare Strukturen vorzugeben und bei Risikoprojekten ein doppeltes Sicherheitsnetz zu spannen. Denn so schnell es bergauf geht, so schnell kann es auch wieder abwärts gehen – soviel zur Bedeutung einer Treppe beim Eingang.

Ein weiterer möglicher Nachteil einer auf die Tür zulaufenden Treppe besteht darin, daß der herunterfließende Chi-Strom nahezu ungenutzt aus dem Erdgeschoß entweicht. Dementsprechend schwer fällt es, dauerhaften finanziellen Erfolg und optimale Ressourcennutzung zu erlangen. Im Gegenteil – diese Firma hat sich wahrscheinlich immer wieder mit Fehlschlägen und Verlusten auseinanderzusetzen.

Unterbrechen Sie den Energiefluß zwischen Treppe und Tür durch Lampen, quergemusterte Bodenstrukturen, Raumteiler, ein von der Decke abgehängtes Klangspiel oder eine DNS-Spirale. Diese Methoden sollen das Chi idealerweise seitlich in die Räume leiten. Wenn unmittelbar gegenüber dem Eingang eine Hintertür oder eine Fensteröffnung ist, deutet dies ebenfalls auf eine starke Außenorientierung, gepaart mit der Schwierigkeit, Beständigkeit und Kontinuität zu leben, hin. Darüber hinaus kann dies zu Geld- oder Energieverlust führen. Solche Situationen sollten unterbrochen

Tür und Fenster gegenüber lassen eintretendes Chi ungenutzt wieder entweichen, was zu brachliegenden Potentialen führen kann.

Lenken Sie den Energiefluß durch Raumteiler, Trennwände oder querstehende Regale auch in die angrenzenden Räume.

werden. Eine Tür allein ist zuwenig, es sollten Trennwände oder zumindest reflektierende Elemente, wie Regenbogenkristalle oder Mobiles, oder auch größere Zimmerpflanzen vor dem Fenster angebracht werden.

Was tun bei geschwächten Eingängen?

Schwache Eingänge – schwieriges Leben. In allen Kulturen finden sich besondere Symbole und Gestaltungselemente im Bereich von Hauseingängen, die schützen, aktivieren und aufwerten sollen. Durch schützende Energien wird ein Filter aufgebaut, der vorwiegend positive Energien ins Haus einlassen sollte.

Gerade im Eingangsbereich wird die Bodengestaltung häufig vernachlässigt. Liebloser Bodenbelag, wackelnde Steinplatten, abgetretene Stufen können die energetische Ausstrahlung des Einganges deutlich verschlechtern und sollten schnellstens saniert werden. Zumindest vorübergehend würde ein (roter) Teppich diesen Effekt abschwächen, dieser sollte allerdings immer sauber gehalten werden.

Spitze und zackige Vordächer haben wegen ihrer aggressiven Strahlung bei guten Feng-Shui-Gebäuden ebenfalls nichts zu suchen. Deren störende Wirkung kann so groß sein, daß ich Ihnen empfehle, diese auch nachträglich „auszubessern“. Immergrüne Pflanzen können solche Kanten wegretuschieren.

In Asien verwenden die Menschen zum Schutz ihrer Eingänge oftmals achteckige Bagua-Spiegel. Bei uns werden Hufeisen, Mistelzweige, Türklopfer aus Messing (siehe Seite 50 ff.), Madonnenfiguren, Türkränze, Sonnensymbole, Runen

oder Segenssprüche und ähnliches zum Schutz vor Sha-Chi eingesetzt, es wird wieder modern, den Hauseingang von zwei Steinlöwen bewachen zu lassen.
Schön gestaltete Eingänge verströmen zusätzlich eine Aura von Beständigkeit und Sicherheit. Ein befreundeter Feng-Shui-Berater wurde von einem Unternehmen zur Beratung gerufen. Inmitten anderer Firmen auf der gleichen Etage schien energetisch in diesem Unternehmen ein Ungleichgewicht zu bestehen, die Firma steckte in größeren Schwierigkeiten. Als eine der ersten Maßnahmen wurde der Eingang verstärkt, und man beschloß, tags darauf weiter umzugestalten. In derselben Nacht wurden sämtliche Firmen auf dieser Hochhausetage von einem Einbrecher heimgesucht. Nur der geschützte Betrieb blieb unversehrt, und das, obwohl irrtümlich sogar die Tür unversperrt gewesen war.

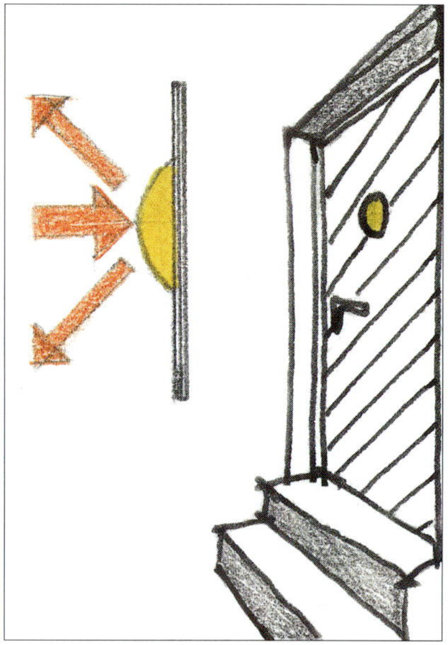

Konvexe Spiegel oder bauchige, glänzende Metalloberflächen können aggressive Sha-Energie zerstreuen.

In immer mehr Hotels, Bürohäusern oder Einkaufszentren erfolgt der Zugang hauptsächlich von der Garage. Dies birgt neben vielen Vorteilen auch einige Nachteile. So sehr es erwünscht ist, den Kunden hindernisfrei ins Gebäude zu lotsen, sollte die Signalwirkung des Durchgangsbereiches dennoch nicht unterschätzt werden. Ein bißchen Farbe, Phantasie und Licht würden oftmals schon genügen.

Der Empfangsbereich

Die Eingangshalle muß hell, geräumig, behaglich, kurz einladend, wirken. Schaffen Sie ein Gefühl des „Angekommen-Seins“, und lei-

© Petra Spiola

Ein runder Tisch als Energieverteiler im Eingangsbereich.

ten Sie durch klare Linien die Aufmerksamkeit zum Empfang, zum Lift oder zu den Treppen. Kräftige Pflanzen oder Wasser im Eingangsbereich gelten als förderlich für das Feng Shui und die Geschäfte. Empfehlenswert ist es, das Firmen-Logo im Entree anzubringen, allerdings nicht im Fußboden oder im Teppich, um die Firma nicht „mit Füßen zu treten“

© Petra Spiola

Eine Empfangshalle nach klassischem Vorbild.

oder gar zu „beschmutzen“. Aus demselben Grund sollten auch in Hotelliften nur Teppiche mit neutralen Motiven gewählt werden.

Ein weiterer wichtiger Platz sind die Rezeption und der Empfang. Hier befindet sich die zentrale Drehscheibe der Aktivitäten. Telefonate werden entgegengenommen, aufgebrachte Kunden beruhigt, Gäste empfangen und verabschiedet, oft ist der Rezeptionist/die Rezeptionistin die am besten informierte Person des Unternehmens. Räumen Sie der Rezeption deshalb einen sehr gut einsehbaren Platz ein, nicht zu nahe dem Eingang, vor allem dann nicht, wenn die Tür unmittelbar gegenüberliegt. Sie wäre zu sehr der aggressiv einströmenden Energie ausgesetzt.

© RCM-Design

Empfangspulte sollten einladend wirken, geschwungene Formen sind daher vorzuziehen.

Am idealsten ist eine sanft geschwungene, wellige oder bauchige Form des Empfangspultes, es sollte so placiert sein, daß niemand hinter die dort tätige Person gelangen kann. Andernfalls wäre sie immer in Alarmbereitschaft und entsprechend reizbar, vergeßlich oder unfreundlich. Wenn der Empfang nicht sichtbar ist, macht das die Eintretenden orientierungslos. Ein gut angebrachter Spiegel gegenüber dem Eingang oder dem Lift sorgt für Kontakt und Übersicht.

Der Erfolgsstandort

Es gibt in jeder Stadt Plätze, an denen Geschäfte einfach nicht Fuß fassen können. Sicherlich kennen auch Sie den einen oder anderen ähnlich gelagerten Problemstandort. Diese Plätze ziehen Krisenfälle an wie Licht die Motten. Selbstverständlich ist es möglich, als Nachfolger einer Konkursfirma erfolgreich zu sein, aber die Wahrscheinlichkeit, daß etwas schiefläuft, ist an solchen Standorten überdurchschnittlich hoch.

Waren die Vormieter/ Vorbesitzer an diesem Standort erfolgreich?

Entscheiden Sie sich niemals unter Druck für einen Standort. Recherchieren Sie ausreichend, versuchen Sie herauszufinden, welches Unternehmen vor Ihnen in diesem Gebäude ansässig war und warum es wieder abgesiedelt ist. Einem Betrieb nachzufolgen, der sich steil nach oben entwickelt hat, ist ein günstiges Vorzeichen, das Chi des Platzes ist „erfolgsgeladen". Das macht einen förderlichen Platz aus – selbst höhere Mietpreise sind hier bis zu einem gewissen Maß gerechtfertigt. Es fließt einfach alles besser, selbst wenn niemand so recht weiß warum.

Sollten Sie sich dennoch für einen vorbelasteten Standort entscheiden, was manchmal aus finanziellen, örtlichen oder zeitlichen Gründen notwendig ist, tun Sie es bewußt. Möglicherweise hat Ihnen auch Ihre Intuition, Ihr Gefühl gesagt, daß dies der richtige Platz für Sie ist. Analysieren Sie den Grundriß nach dem Bagua, und gleichen Sie Fehlbereiche gleich zu Beginn aus. Nutzen Sie die Räume bewußt anders als Ihr Vorgänger, und blockieren Sie nicht zuviel Fläche durch Abstell- und Staubereiche. Sorgen Sie von Anfang an für Klarheit im Energiefluß durch ein durchdachtes Ordnungs- und Ablagesystem, günstige Möbelanordnung, klare Beschilderungen, helle Beleuchtung und andere Tips, die Sie diesem Buch entnehmen können. Und noch eine Anregung: Machen Sie gleich beim Einzug eine „Office-Warming-Party" mit viel Lärm, Musik, Lachen und Action. Je lauter und fröhlicher, um so besser, denn dies wirkt reinigend. Worauf Sie allerdings verzichten sollten, sind formelle Empfänge, diese hinterlassen aus energetischer Sicht oft viel Müll. Im Sinne Ihres neuen „Beziehungs-Managements" wären Betriebsfeste zumindest ein Mal im Jahr angesagt – genauso oft sollten Sie die Energie in Ihrem Büro erneuern. Verbinden Sie das Schöne mit dem Nützlichen.

Branchenabhängige Erfolgskriterien

Im folgenden möchte ich anhand einiger Beispiele das Augenmerk auf typische „Erfolgskriterien" lenken. Da die zugrundeliegenden Prinzipien immer die gleichen bleiben, können Sie die sich daraus ergebenden Anregungen auf jede Branche und jedes Unternehmen übertragen. Achten Sie aber immer auf Ihr kulturelles und gesellschaftliches Umfeld, die Hinweise, die Sie so erhalten, werden Ihnen helfen, eine andere Art der Betrachtung zu wählen, und Sie zu eigenen Ideen ermuntern. Erlaubt ist, was Erfolg bringt und – dies bitte als oberste Prämisse immer im Bewußtsein zu halten – nicht auf Kosten anderer geht.

Restaurants

Gaststätten und Restaurants sollten in verkehrsreichen Gegenden stadtauswärts rechts liegen. Die Menschen neigen dazu, erst auf dem Nachhauseweg einzukehren, und das Queren der Straße stellt ein emotionales Hindernis dar. Genügend Platz zum Beruhigen und Sammeln des Chi (Parkplätze) verbessert die Voraussetzung für Ihren Erfolg zusätzlich.

Gestalten Sie den Eingangsbereich einladend und stimmungsvoll. Je nachdem, welches Publikum Sie ansprechen wollen, sollten Sie die Wahl der Einrichtungsgegenstände, Materialien und Farben treffen. Eine ganze Forschungsrichtung beschäftigt sich mittlerweile mit der Frage, wie sich ein bestimmte Käuferschichten animierendes Ambiente schaffen läßt. So gelten gediegene, rustikale und gemütliche Lokale mit viel gebeiztem Holz als Bierumsetzer, während Champagner und Weißwein in Marmor- und Chromambiente am liebsten getrunken werden.

© RCM-Design

Offenes und transparentes Fastfood-Restaurant.

Achten Sie darauf, daß der Koch immer sehen kann, wer in seine Küche kommt, das beeinflußt seine Kochkünste positiv und hebt seine Stimmung, was sich auf das übrige Personal und letztlich auch auf die Gäste auswirkt. Verspiegeln Sie die Wand hinter dem Herd, und gewähren Sie ihm dadurch einen besseren Überblick.

In einem nobleren Restaurant sollte gedämpftes Licht überwiegen, in einem Schnellimbiß ist helles Licht für schnelleren Umsatz anzuraten. Junges Publikum bevorzugt für den Tratsch nach der Arbeit ein anregendes und abwechselnd hell und gedämpft beleuchtetes Ambiente. Die Bar sollte verspiegelt sein, Spiegel wirken verdoppelnd, weshalb sie sowohl hinter der Bar als auch hinter der Kassa zu einer Steigerung der Umsätze beitragen können.
Stellen Sie Tische mit einem solchen Abstand auseinander, daß ungezwungene Gespräche geführt werden können, sich die Gäste aber nicht verloren fühlen.

Spüren Sie Störelemente und Stimmungsbremser in Ihrem Betrieb auf, und entfernen Sie diese.

Friseursalons

Friseur- und Beautysalons sollen das Bedürfnis der Menschen nach persönlicher Schönheit ansprechen. Deshalb ist eine strahlende, frische und zeitgemäße (eventuell modeorientierte) Ausstattung wichtig. Sie signalisiert, daß der Kunde hier ein „Up to date"-Produkt erhält.
Wie in allen Branchen, die vorwiegend auf das persönliche Wohlbefinden abzielen, also Fitneß, Schönheit, Kosmetik, Körperpflege, Massage oder ähnliches, sollte das Ambiente auch in Friseursalons eine Stimmung erzeugen, die hilft, den Streß des Alltags zu vergessen. Haben Sie daher Mut zu Ausgefallenem, und lassen Sie Ihre Einrichtung Geschichten erzählen. Überraschen Sie Ihr Publikum immer wieder aufs neue, so daß die Kunden schon mit der Frage zu Ihnen kommen, was denn diesmal wieder anders ist. Lassen Sie sich verschiedene Aktionen einfallen, stellen Sie neue Behandlungsmethoden zu günstigen Konditionen vor, und überlegen Sie sich, wie Sie Ideen Ihrer Kunden zum Vorteil aller nutzen können. Fesseln Sie die Phantasie der Menschen, die zu Ihnen kommen. Setzen

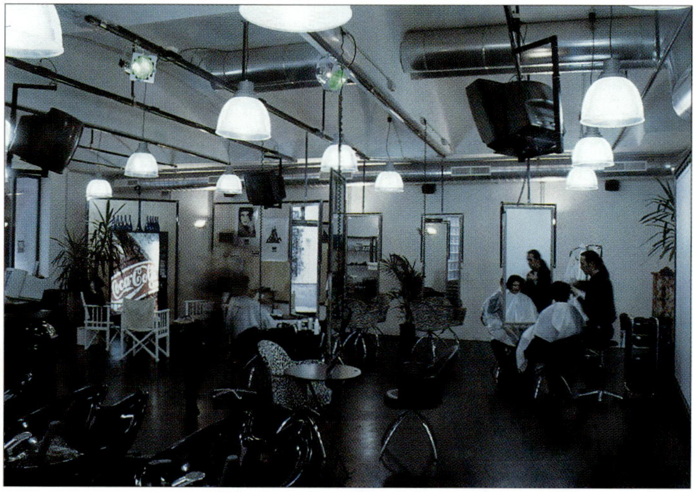
© Michael Müller

Die trendige Gestaltung dieses Friseursalons hat Freizeitcharakter und erweckt Assoziationen mit einem modernen Kaffeehaus.

Sie immer wieder neue Akzente, so daß eine lebendige Dynamik zwischen Vertrautem und Abwechslung entsteht.

(Zahn-)Arztpraxen

Niemand geht gerne zum Zahnarzt. Die Klienten eines Zahnarztes sind zur Bewegungslosigkeit verurteilt, sie müssen mit aufgesperrtem Mund ausharren. Dabei blicken sie in eine die Augen schmerzende, häßliche, wenig beruhigende Lampe in einer sterilen Umgebung. Offensichtlich hat sich noch keiner der hochbezahlten Arztpraxen-Planer die Mühe gemacht, die Sichtweise des Patienten einzunehmen …
Der Aufwand einer farblichen Umgestaltung des Plafonds ist nicht groß, macht sich aber vielfach bezahlt: Die Klienten spüren, daß sich der „Unternehmer" auf ihre Wünsche einstellt, und empfehlen ihn weiter. Darüber hinaus fördert eine harmonische Gestaltung im weitesten Sinne den Therapieerfolg. Die Motive oder Farben sollten aber nicht zu aggressiv wirken, am besten sind sanfte, fließende Farben und zentrierende Formen, etwa Mandalas. Generell können Arztpraxen die Farben aller Fünf Elemente beinhalten, um ein breites Heilspektrum zu aktivieren und maximales Wohlbefinden zu erzeugen.
Ihrer Kreativität sind auch hier keine Grenzen gesetzt, erlaubt ist, was gefällt und hilft. **Sie sollten sich angewöhnen, von Zeit zu Zeit die Perspektive Ihrer Kunden und Mitarbeiter einzunehmen und Ihr Umfeld aus deren Sicht zu betrachten.**

Seminarzentren

In Seminarzentren soll sowohl die gruppeninterne Kommunikation als auch der Wissenstransfer erfolgreich möglich sein. Wenn die Raumenergie eines Vortragsraumes drückend wirkt, sind nur träge und lähmende Gruppenprozesse zu erwarten. Dies ist beispielsweise bei Räumen mit überwiegendem Erd-Charakter der Fall, also solchen mit niederer, drückender Decke. Auch Kellerräume fallen in diese Kategorie.
Meist steht der Vortragende zu nahe der Tür, mit dem Rücken zum Fenster oder unter einem Balken, was ungünstige Auswirkungen sowohl auf den Referenten als auch auf die Zuhörer hat.
Nach dem Fünf-Elemente-Zyklus sollten durch Form, Einrichtung und farbliche Gestaltung des Raumes bei den meisten Seminaren kommunikative Wasser- und das Leben bereichernde, kreative Holz-Prozesse stattfinden. Zu oft aber sind die Räume steril und in keiner Weise inspirierend. Lassen Sie niedere Räume optisch höher erscheinen, vermeiden Sie aggressive Spotbeleuchtung, die die Seminarteilnehmer regelrecht „abschießt". Und verwenden Sie ausreichend

Arztpraxen müssen nicht weiß sein – gestalten Sie sie in den Farben aller Fünf Elemente.

Textilien, am besten in Form von Gardinen. Sie haben drei Vorteile: Erstens wirken sie als Schallschlucker, zweitens als Farb- und Motivträger, und drittens erzeugen sie durch ihre wellige Form Wasser-Energie. Ich schlage vor, mehrere Schichten unterschiedlicher Vorhänge an einzelnen Wänden

© Helmuth Weyh

Seminarräume sollten kreative Gruppenprozesse anregen und dementsprechend animierend gestaltet sein.

anzubringen, die je nach Bedarf und Gruppenstimmung an jede beliebige Wandstelle gezogen werden können und somit den Raum innerhalb weniger Sekunden vollkommen umgestalten.
Organisieren Sie gesunde Pflanzen, stellen Sie darüber hinaus eine Vase mit Schnittblumen auf das Rednerpult, und haben Sie Mut zu Bildern mit frischen Motiven. Auch Wasserobjekte wären in vielen Fällen ideale Hilfsmittel für eine Verbesserung der Raumschwingung.

Einzelhandelsgeschäfte

Oberste Prämisse für Einzelhandelsgeschäfte ist, die Kunden mit allen Sinnen anzusprechen. Angenehme Klänge, Blumendüfte und fröhliche Farben schaffen ein heiteres Klima für Angestellte und Kunden gleichermaßen, letztere werden dadurch besser bedient und auch mehr einkaufen.
Gestalten Sie die Räume und Schaufenster aktiv, aber nicht überstimulierend, um die Käufer nicht zu irritieren. Bewegte Objekte oder strategisch angeordnete Spiegel ziehen die Aufmerksamkeit des Kunden an. Ordnen Sie die Waren gefällig an, und setzen Sie sie durch frische Blumen und ansprechende Requisiten in Szene.
Unterstützen Sie das Ambiente durch stimmungsvolle Musik, zuvorkommende Betreuung seitens des Personals und guten

Service. Wenn Sie können, placieren Sie die Kassa in der Bagua-Zone Reichtum oder Unterstützung, allerdings nur, wenn sie trotzdem entsprechend nahe dem Eingang ist. Und achten Sie darauf, daß die Umgebung der Kassa in einem freundlichen und hellen Farbton gestaltet ist, der Lebensfreude und Chi verströmt.

© Petra Spiola

© Petra Spiola

© Petra Spiola

Hier sehen Sie zum Vergleich drei verschiedene Geschäfte mit ganz unterschiedlichem Charakter:
1. ein „männliches“ Modegeschäft mit klaren, geraden Formen;
2. ein „weiblich“ schwingendes und durch Spiegel „geöffnetes“ Geschäft für trendige Schuhmode, das junge Kunden anziehen soll; und als Gegensatz dazu
3. ein sehr offenes und weites Schuhgeschäft, das durch die Kunstwerke an der hinteren Wand die Kunden regelrecht „hineinsaugt“.

Beachten Sie bei der Entscheidung für einen spezifischen Ladenstil, daß traditionelles Design mehr Menschen anspricht als ultramoderne Ausstattungen.
Der Bereich **Lebensmittelgeschäfte** wurde bereits sehr gut erforscht, die verkaufsfördernde Anordnung der Warenregale oder das „Verstecken“ der Frischwarenabteilung im hintersten Ladenteil, um die Menschen auf der Suche nach Frischwaren an möglichst vielen anderen Waren vorbeizu-

schleusen, ist mittlerweile altbekannt. Dennoch könnten die meisten Geschäfte ihre Umsätze binnen kurzem verdoppeln: Das Geheimnis liegt im Chi-Fluß der Menschen. Niemand bewegt sich gerne gegen seinen natürlichen Instinkt. Trotzdem sind die meisten Supermärkte gegen den Uhrzeigersinn, also gegen das menschliche Empfinden, angelegt. Eine Neuorientierung des Eingangs und eine Veränderung des Bewegungsflusses wird sich wahrscheinlich in den kommenden Jahren durchsetzen.

Niemand bewegt sich gerne gegen seinen natürlichen Instinkt.

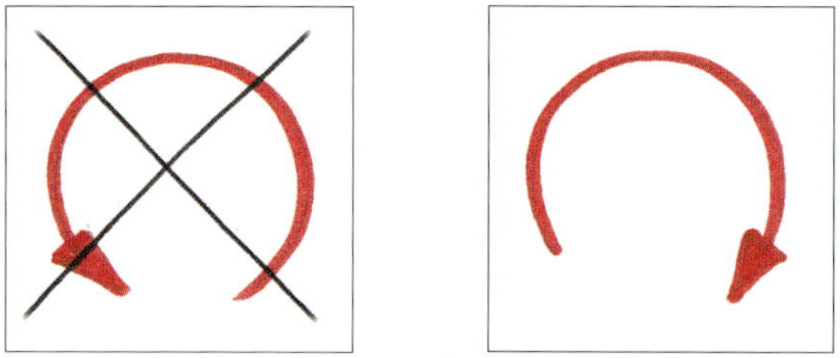

Der Mensch hat von Natur aus das Bedürfnis, sich im Uhrzeigersinn zu bewegen.

Der nächste Schwachpunkt vieler Einzelhandelsgeschäfte ist die Beleuchtung: Einheitsbeleuchtung taucht alle Waren in einen stimmungslosen Lichtbrei. Jede einzelne Warengruppe ist aber mit bestimmten Empfindungen und somit einer Grundfarbe gekoppelt, die sich durch Leuchtkörper mit den entsprechenden Farbanteilen fördern lassen. Brot profitiert z. B. von gelb-braunem Licht, Gemüse, Obst und auch die Salatbar von grünanteiliger Beleuchtung, und die Sahne auf der Torte wirkt bei Licht mit hohem Weißanteil noch appetitlicher und frischer.

Auch der Geruch ist von großer Bedeutung in dieser Branche. Duft verändert unsere Stimmung, deshalb arbeiten einige große Unternehmen bereits an Konzepten zur „Beduftung" ihrer Outlets. Den Reinigungsmitteln, mit denen die Fußböden gewaschen werden, sollen nach Jahreszeit unterschiedliche Geruchsstoffe beigemengt werden, so daß es vor Weihnachten etwa nach Zimtgebäck und im März nach Frühling riecht. Die daraus entstehende „Euphorisierung" bewirkt ausgabefreudigeres Einkaufsverhalten.

Aber: Neueste Forschungsergebnisse bestätigen die Schwäche von chemischen Duftstoffen. Sie sind für den beschriebenen Einsatz völlig unbrauchbar, da sie teilweise sogar unbewußte Ablehnung hervorrufen. Nur mit reinsten Naturessenzen ist es möglich, im Menschen alle Sensoren auf harmonische Weise anzusprechen.

Ist es Ihnen nicht auch schon so ergangen, daß Sie zu Hause feststellen mußten, daß eine wichtige Zutat zu Ihrem Lieblingsgericht fehlte? Möglicherweise wird das in Zukunft nicht mehr geschehen, denn ein Computer in Ihrem Supermarkt wird Ihnen bei der Einkaufsplanung helfen. Sie sagen ihm, was Sie kochen möchten und was Sie bereits an Zutaten vorrätig haben. Nun teilt Ihnen der Computer mit, was Sie in welcher Menge benötigen, weist

Ihnen den Weg zu den entsprechenden Regalen und sagt Ihnen, wieviel der Spaß kosten wird.

Und: Wenn Sie die Milchprodukte finden wollen, brauchen Sie sich nur an die blauen Markierungen zu halten …

Leitsysteme zur klaren Lenkung des Chi-Flusses und somit des Kunden werden immer populärer.

Die Bank der Zukunft

Sie möchten nur schnell etwas in Ihrer Bank erledigen, doch schon beim Einparken bemerken Sie, daß sich seit Ihrem letzten Besuch einiges verändert hat. Am Vorplatz entspringt ein Bächlein, das in Richtung Eingang fließt und dort versickert. Beim Eintreten in die Filiale erwartet Sie die nächste Überraschung: Niemand geringerer als die Schauspielerlegende Hans Moser begrüßt Sie persönlich per Handschlag. In einer mittelalterlichen Burg spielen Kinder die Geschichte ihres Ortes nach. Aus einem mächtigen Felsen gegenüber der Tür quillt ein nebelnder Wasserfall hervor – hier taucht also das versickerte Wasser wieder auf. Und selbst die technischen Geräte wie Kontoauszug-Drucker oder Quick-Cash-Ladestation wirken in den Öffnungen des Felsens beinahe stilvoll.

Ihre ursprüngliche Hektik hat sich in eine fröhliche Stimmung verwandelt. In einer gemütlichen Sitzecke plaudern ein paar ältere Leute bei einer Tasse Kaffee über Gartengestaltung. Selbst das Beratungspult ist nicht mehr wiederzuerkennen: Aus dem abweisenden, wuchtigen Pult ist ein rundgeform-

© RCM-Design

Die Bank der Zukunft wird die Kunden mit Wohlfühl- und Erlebnisbereichen überraschen.

ter, offener Stehtisch geworden, an dem sich der Berater zu Ihnen gesellt und Ihnen den Bildschirm hindreht, anstelle der früheren Geheimniskrämerei.

Offenheit und Transparenz sind angesagt. Die Bank wird zum Platz des Wohlfühlens und der Kommunikation – rund um die Uhr sind die „Freizeitbereiche“ öffentlich zugänglich. Und wenn Sie sich über das Internet-Terminal eine Konzertkarte bestellen oder Ihren Urlaubsflug buchen möchten, können Sie dies in aller Ruhe auch nach Dienstschluß 24 Stunden täglich machen.

Wenn Sie bei Ihrem Surftrip durchs Netz noch einen attraktiven Gebrauchtwagen entdecken, erstellt Ihnen das System auf Knopfdruck gleich einen auf Ihre Verhältnisse abgestimmten Finanzierungsvorschlag.

Das Unerwartete tun und dabei die eigenen Wurzeln nicht vergessen, das ist das Motto dieser innovativen Erlebnisbank, die auf lebendige Weise die Tradition des Ortes auf dem Weg ins moderne Zeitalter zeigt. Wenn Sie wissen möchten, was es mit Hans Moser auf sich hat: Es handelt sich um einen verblüffend echt wirkenden Roboter, der, einmal angeschafft, mit geringstem Aufwand zum Bürgermeister und jeder anderen beliebigen Person umgewandelt werden kann – eines von vielen neuen Feng-Shui-„Spielzeugen“.

© Buenas Dias

6 Im Mittelpunkt der Mensch

Steht der Mensch im Mittelpunkt?

Was glauben Sie, wäre die ehrliche Antwort von Unternehmern auf die Frage, ob ihr Betrieb effizient organisiert ist? Wie läßt sich diese Schätzung in Prozent ausdrücken? Läge sie bei 70, 75 oder gar 80 %? Wäre es nicht möglich, die Effizienz eines Unternehmens von 70 % auf sagen wir 80 % zu steigern, was einen Zuwachs von mehr als 14 % ergäbe? Ein Extra-Zuckerl von 14 %, das wäre doch was …
Leitende Angestellte zweier führender europäischer Unternehmen, eines weltbekannten Automobilherstellers mit über 160.000 Mitarbeitern und eines Versandhauses mit etwa 30.000 Beschäftigten, wurden nach ihren Schätzungen zur betriebsinternen Effizienz befragt. In beiden Unternehmen – Paradeunternehmen mit klingendem Namen – liegen nach (natürlich inoffiziellen) Aussagen der Verantwortlichen die Raten bei unfaßbar geringen 30 (!) %. Keine unglückliche Ausnahmeerscheinung, sondern der „gute" westliche Durchschnitt, wie es scheint.
Unglaublich aber wahr: Unsere „moderne Arbeitswelt" verschleudert wissentlich täglich rund 70 % des Leistungspotentials! Dies bedeutet nicht nur den Verlust kostbarer Lebenszeit, sondern auch die Vergeudung von Rohstoffen, das Brachliegen innovativer Fähigkeiten, die Belastung zwischenmenschlicher Beziehungen sowie eine Vergiftung der Umwelt, Verschwendung von Finanzmitteln und vieles andere mehr.

Leider geht immer noch ein Grossteil unserer Energie im Berufsalltag verloren.

Auf der Suche

Immer mehr Menschen sehen sich nach neuen Perspektiven um. Tiefe Unzufriedenheit läßt sie ausbrechen aus einem als beengend erlebten gesellschaftlichen und beruflichen Umfeld – ein Trend, der sich in den neuen Verkaufsrekorden von Ratgebern und Lebenshilfebüchern abzeichnet. Die Sehnsucht nach einer menschengerechteren Umwelt und die Suche nach anderen Wertesystemen werden immer wichtiger.
Die wirtschaftlichen Erfolge der vergangenen Jahrzehnte verstellten den Blick auf menschliche Bedürfnisse und notwendige Veränderungen. Jene Unternehmer, die sich mit neuen Formen der Betriebsführung, Modellen der Mitarbeiterbeteiligung oder der Umverteilung von Kompetenzen beschäftigen, gelten leider immer noch als innovativ.

Worauf es ankommt …

In einem großen Hotel einer internationalen Kette nahmen die Reklamationen, die den Gastronomiebereich betrafen, dramatisch zu. Kein Wunder: mürrisches, unfreundliches Personal, das provokant wegblickte, langsamer und schlampiger Service, schmutzige Tische – die Mängelliste ließe sich beliebig fortsetzen. Es herrschte Krisenstimmung.
In einer Nacht-

und Nebelaktion wurde der zuständige Bereichsleiter fristlos gekündigt. Als er aus dem Hause war, wurden die rund vierzig betroffenen Mitarbeiter befragt, und endlich kam die Wahrheit ans Tageslicht: „Wir wollten nicht, daß er Erfolg hat", lautete die schockierende Aussage, „und daher haben wir alles getan, um ihn wieder loszuwerden."

Hier haben wir es mit einem Thema zu tun, das uns alle betrifft. In jeder Position muß man sich mit der Frage der Mitarbeiter beschäftigen: Der Mensch und sein Wohlergehen sollten im Mittelpunkt stehen. Wie gut funktioniert Ihr menschliches Beziehungsnetzwerk? Zu Mitarbeitern und ihren Familienmitgliedern, zu Freunden, Kunden, Nachbarn, Kollegen und der Konkurrenz? Worauf es letztlich ankommt, sind funktionierende menschliche Beziehungen.

Selbsttest Betriebsklima

Edgar K. Geffroy formuliert in seinem Buch **Abschied vom Verkaufen** die These, daß wir alle zu „Beziehungsmanagern" werden müssen. Er spricht davon, daß wir vor der größten Revolution stehen, die das Wirtschaftsleben je erlebt hat. Die alten Strategien ziehen nicht mehr, das erleben wir täglich hautnah. Geffroy spricht zwar primär über die Welt des Verkaufs und der Kundenbetreuung, doch die Prinzipien können als allgemeingültig betrachtet werden.

Ich wage mich noch einen Schritt weiter und behaupte: Wir werden erst in der Lage sein, als Beziehungsmanager nach außen zu wirken, wenn wir unsere internen Beziehungen auf eine gesunde Basis stellen. Wie sollen wir im Außen glaubwürdig und erfolgreich agieren, wenn wir unsere eigenen Probleme nicht bewältigen können?

Füllen Sie die Checkliste auf Seite 136 ff. aus. Bewerten Sie Ihre persönliche Position in Hinblick auf die angesprochenen Themen – unabhängig davon, ob Sie Unternehmer, Angestellter oder Selbständiger sind. Geben Sie sich fünf Punkte bei weitestgehender Zustimmung und einen, wenn die Aussage überhaupt nicht stimmt.

Geben Sie diese Checkliste auch Ihren Mitarbeitern zum Ausfülllen.

Ich habe hauptsächlich Langzeitmitarbeiter oder -kollegen. Kündigungen sind mir praktisch unbekannt.	1	2	3	4	5
Jeder Mitarbeiter fühlt sich für den anderen mitverantwortlich, man unterstützt sich gegenseitig.	1	2	3	4	5
Ein am Boden liegendes Stück Papier wird vom nächsten, der vorbeikommt, aufgehoben.	1	2	3	4	5
Die Blumen in den Büros sind gesund und werden von den Mitarbeitern regelmäßig gegossen.	1	2	3	4	5
Intrigen sind mir völlig fremd.	1	2	3	4	5
Ich kann mit dem Begriff Mobbing wenig anfangen. Hier werden Probleme rasch geklärt.	1	2	3	4	5
Es finden sich ausreichend fröhliche Farben in den Büros und Arbeitsräumen.	1	2	3	4	5
Die Mitarbeiter verbringen die Pausen gemeinsam. Es herrscht üblicherweise entspannte Atmosphäre.	1	2	3	4	5
Die Aufenthaltszonen werden von den Mitarbeitern einigermaßen in Schuß gehalten. Aschenbecher werden geleert und Gläser entfernt.	1	2	3	4	5
Tuscheln hinter dem Rücken des Chefs ist unbekannt, schließlich kann man über alles offen reden.	1	2	3	4	5
Wenn der Chef aus dem Hause ist, läuft alles wie sonst. Die Mitarbeiter fühlen sich verantwortlich für das Betriebsgeschehen.	1	2	3	4	5
Der Informationsfluß funktioniert blendend. Besprechungsergebnisse werden weitergeleitet, wenn ich außer Haus bin, nehmen Kollegen meine Telefonate an und informieren mich darüber.	1	2	3	4	5
Ich bin immer wieder überrascht, wie viele Ideen und Verbesserungsvorschläge von der Belegschaft eingebracht werden.	1	2	3	4	5
Es gibt wenige Krankenstände in meinem Betrieb.	1	2	3	4	5

Gruppenbildungen gibt es immer – dennoch kommen im Prinzip alle ganz gut miteinander aus.	1	2	3	4	5
Jeder Mitarbeiter darf in seinem unmittelbaren Arbeitsbereich seine Gestaltungsideen verwirklichen. Dafür steht ein eigenes Budget zur Verfügung.	1	2	3	4	5
Probleme werden freiwillig von Kollegen bearbeitet und gelöst. Wenn alle Verantwortung übernehmen, geht es allen besser.	1	2	3	4	5
Gelegentlich treffe ich meine Mitarbeiter auch in der Freizeit zu gemeinsamen Aktivitäten.	1	2	3	4	5
Feedback gilt nicht als Angriff, sondern ist Teil der Firmenphilosophie.	1	2	3	4	5
In meiner Firma gibt es keine überspannten Kleidungsvorschriften, die die Mitarbeiter einengen.	1	2	3	4	5
Bei meiner Firma anzurufen, ist eine wahre Freude. Die Mitarbeiter am Telefon bemühen sich auf sympathische Art, unseren Kunden zu helfen.	1	2	3	4	5
Ich weiß relativ viel über meine Kollegen.	1	2	3	4	5
Es ist möglich, zwischendurch mit einem Kollegen eine Tasse Kaffee zu trinken und zu plaudern, ohne schiefe Blicke einzustecken.	1	2	3	4	5
In meinem Betrieb gelten noch weitere Bewertungssysteme als Umsatz- und Gewinnzahlen.	1	2	3	4	5
Jeder Mitarbeiter hat die Verpflichtung, selbst zu entscheiden. Selbständigkeit wird belohnt.	1	2	3	4	5
Von unseren Kunden wird generell freundlich und mit Achtung gesprochen.	1	2	3	4	5
Für Anliegen von Mitarbeitern gibt es immer ein offenes Ohr.	1	2	3	4	5
Meine Kollegen gehen gerne ins Büro. Sie sprechen oft darüber, wie froh sie sind, hier arbeiten zu dürfen.	1	2	3	4	5

Zumindest ein Mal im Jahr sollten Sie diese Auswertung neu vornehmen – sie wird Ihnen Aufschlüsse über Ihre Weiterentwicklung geben.

Auswertung: Zählen Sie die Punkte zusammen, und vergleichen Sie das Ergebnis mit der folgenden Auswertung.

◁ 140 bis 121 Punkte: Gratulation! Sie können die folgenden Seiten getrost überspringen. Wenn Sie Ihre Erfahrungen mit mir teilen möchten – meine E-Mail-Adresse finden Sie im Anhang.

◁ 120 bis 101 Punkte: Ihr Umfeld scheint überwiegend förderlich zu sein, und meistens macht die Arbeit Spaß. Überlegen Sie dennoch, wo Potential auf der Strecke bleibt. Arbeiten Sie am Kontakt zu Mitarbeitern und Kunden. Lesen Sie eventuell Harvey Mackays Buch **Networking.**

◁ 100 bis 81 Punkte: Sie sollten schleunigst Ihren Arbeitsalltag überdenken. Sind Sie sicher, daß Ihre Tätigkeit und die Art, wie Sie sie ausführen, Ihrer Persönlichkeit entspricht? Nehmen Sie sich einzelne Passagen dieses Buches noch einmal vor, und finden Sie zumindest zehn Maßnahmen, die Sie umsetzen werden. Übrigens: Dieses (Arbeits-)Buch gehört Ihnen, machen Sie doch Notizen und Anmerkungen darin.

◁ 80 Punkte und darunter: Setzen Sie sich hin, und listen Sie auf, was Ihnen wirklich wichtig ist im Leben. Betrachten Sie alle Bereiche, also nicht nur das Berufsleben, und vergleichen Sie danach Ihre Lebensziele mit Ihrer momentanen Arbeitssituation. Geben Sie es zu, in Ihnen steckt noch soviel Unentdecktes. Wann wollen Sie denn endlich anfangen, etwas zu verändern, wenn nicht heute! Los, marsch!

Was Ihr Verhalten über Sie aussagt

„Unser Chef explodiert bei jeder Kleinigkeit, und wer das Pech hat, dann in seiner Nähe zu sein, dem Gnade Gott. Unser neuer Haustechniker ist in den Morgensitzungen immer so schweigsam – hält er etwas zurück, oder fällt es ihm einfach schwer, sich in der Gruppe auszudrücken? Und bei Frau Liebemann weiß man nie so genau, ob das, was sie sagt, auch ihrer wirklichen Meinung entspricht." Solche oder ähnliche Beschreibungen könnten Sie wahrscheinlich über viele Ihrer Freunde oder Mitarbeiter liefern.

Jeder Mensch hat Qualitäten – Stärken und Schwächen. Mit den meisten dieser Eigenschaften läßt es sich durchaus leben, daneben gibt es aber Persönlichkeitsmerkmale, die sowohl für den Betroffenen als auch für die Menschen im Umfeld nicht angenehm sind.

Wäre es nicht wünschenswert, aus dem Verhalten eines Menschen noch mehr über seine Ausprägungen bzw. Schwächen zu erfahren? Daraus ließe sich eine Strategie ableiten, die der betreffenden Person hilft, zu sich selbst zu finden.

Suchen Sie sich und Ihre Kollegen in der nebenstehenden Tabelle, und erfahren Sie, wie Sie durch die Auswahl der richtigen Einrichtungsgegenstände ein harmonisierendes Umfeld schaffen.

	Anzustrebender Idealzustand	Typisches Verhalten bei Mangel & Ausgleichsmaßnahmen	Typisches Verhalten bei Überschuß & Ausgleichsmaßnahmen
Holz-Energie	Gutmütigkeit, Beständigkeit, wohltätige Liebe zu den Menschen; stabil, aber auch anpassungsfähig	Angst vor Verpflichtung und Veränderung, keine eigene Meinung, Orientierung am Umfeld **Ausgleich:** Holz-Energie durch gesunde Pflanzen, grüne Möbel oder Bilder mit Naturmotiven; Holzmöbel und Einrichtungsgegenstände aus Naturmaterialien.	stur, eigensinnig, voreingenommen; monochron, steif und unflexibel **Ausgleich:** durch Metall-Energie: Farbe Weiß, Metallobjekte und runde oder kugelförmige Gegenstände; Feuer macht Holz beherrschbar: Kerzen, Räucherwerk, helles elektrisches Licht und die Farbe Rot.
Feuer-Energie	Vernunft, Verständnis, Aufmerksamkeit, Intelligenz, Diplomatie	Unterdrückung von Gefühlen, schlechte Blutzirkulation, trockene Haut; Energielosigkeit, Panikzustände, Zukunftsängste **Ausgleich:** Farbe Rot in allen Schattierungen, Feuer in Ihrem Kamin, Kerzen, Räucherwerk, Leder und Schafwolle. Halten Sie sich im Sonnenlicht auf.	lautes, kritisches und launenhaftes Verhalten **Ausgleich:** Wasser kontrolliert Feuer: Wasser-Elemente, Bilder mit Wassermotiven, Farben Schwarz und Dunkelblau. Starkes Feuer läßt sich durch Erde reduzieren, z. B. Terracotta, Stein Keramiktöpfe oder Erdfarben.

	Anzustrebender Idealzustand	Typisches Verhalten bei Mangel & Ausgleichsmaßnahmen	Typisches Verhalten bei Überschuß & Ausgleichsmaßnahmen
Erd-Energie	aufrechter, klarer Lebensstil; Loyalität und Ehrlichkeit; Vertrauenswürdigkeit und Fürsorglichkeit	Opportunismus, Lethargie, Unfähigkeit, sich Ziele zu setzen **Ausgleich:** Erd-Gegenstände (Marmor, Bonsaibäumchen in Keramiktöpfen, Steinkrüge, Töpfereien oder Steingärten; Erdfarben. Feuer stärkt die Erd-Energie: Lampen, Räucherwerk, Kerzen und die Farbe Rot.	übertriebene Uneigennützigkeit und Ehrlichkeit; Steifheit, Gehemmtheit, Schwierigkeiten, an Geld und Ressourcen heranzukommen **Ausgleich:** Metall-Farben (Weiß und Silber), Metallgegenstände, Pflanzen und die Farbe Grün.
Metall-Energie	Fähigkeit, die eigene Meinung zu vertreten, Wortgewandtheit, Unterstützung des Abschüttelns alter Belastungen	Übervorsichtigkeit, Verschlossenheit, verbale Blockaden **Ausgleich:** die Farben Weiß, Grau und Silber oder schwarz-weiße Muster oder Metallskulpturen, Stahlbeton, Möbel aus Stahlrohr, Metallschmuck, Eisengeländer.	Besserwisserei; Schwierigkeiten mit dem Loslassen, Überbewertung von Materiellem **Ausgleich:** offenes Feuer, Bilder mit Feuermotiven, Kerzen, Räucherwerk; dreieckige und spitze Gegenstände; Hinzufügen von Wasser (Brunnen, Wasserobjekte oder Wasserschalen).

	Anzustrebender Idealzustand	Typisches Verhalten bei Mangel & Ausgleichsmaßnahmen	Typisches Verhalten bei Überschuß & Ausgleichsmaßnahmen
Yin-Wasser (stilles Wasser)	ausgeprägte Urteilskraft, hohe Lernfähigkeit, die Gabe, Wissen weiterzugeben	Engstirnigkeit, konservative Einstellung, eingeschränkte Sichtweise; gestörter Zugang zu Intuition; Egozentrik, schlechtes Urteilsvermögen **Ausgleich:** sauberes, klares Wasser (Wasserschale, Spiegel, ruhiges Bild von einem See).	Unfähigkeit, Dinge zu beenden **Ausgleich:** durch Holz-Energie von Pflanzen, Farbe Grün.
Yang-Wasser (bewegtes Wasser)	Beweglichkeit, Effektivität, persönlicher Antrieb, ein ausgewogenes Maß an gesellschaftlichen und geschäftlichen Aktivitäten	Fehlen der Gabe zu freier und aktiver Kommunikation; Workaholism **Ausgleich:** Spring- oder Zimmerbrunnen, dadurch Steigerung Ihres Talentes im Umgang mit anderen Menschen.	Ufer-, Halt- und Orientierungslosigkeit; Ruhelosigkeit **Ausgleich:** Pflanzen, Farbe Grün, aufstrebende Formen (Holz reduziert Wasser); Kontrolle des Wassers mit Erde, z. B. mit Keramik, Tontöpfen, Terracotta oder Sand.

Drei Eigenschaften braucht, wer Menschen führen will:
- Menschlichkeit,
- Klarheit,
- Mut.

Fushuan Yuan

Mit den Hilfsmitteln zum Ausgleich, die Sie in der Tabelle finden, sollte es Ihnen von nun an gelingen, Ungleichgewichte bei Ihnen oder in Ihrem betrieblichen Umfeld durch einfache Maßnahmen auszugleichen. Bedienen Sie sich dabei des schöpferischen Elemente-Zyklus (siehe Seite 109), wenn Sie ein Element unterstützend fördern oder einen Überschuß abziehen wollen. Den kontrollierenden Elemente-Zyklus setzen Sie ein, wenn Sie einem Überschuß durch Kontrolle begegnen wollen. Die Wahl der richtigen Formen, Farben, Bilder und Einrichtungsgegenstände kann somit viel zu einem erfolgreichen und ausgewogenen Betriebsklima beitragen.
Die hier vorgestellten Maßnahmen stellen einen kleinen Ausschnitt des Spektrums an Möglichkeiten zum Ausgleich von Ungleichgewichten in der Persönlichkeitsentwicklung dar. Sie können grundsätzlich aber nie die Behandlung von seelischen oder körperlichen Beschwerden durch einen Therapeuten ersetzen.

Sinn und Unsinn von Ordnung

Ordnung als Selbstzweck ist etwas völlig Sinnloses. Zu viele Menschen machen durch ihren übertriebenen Ordnungsfimmel sich und anderen das Leben schwer.
Sie kennen sicherlich das Phänomen, daß Räume erst mit den ersten Einrichtungsgegenständen zu leben beginnen. Denn es braucht die Spannung zwischen der Struktur des Raumes und abwechslungsreichen Details.
Erst dann kehrt ein Gefühl von Geborgenheit und Persönlichkeit ein. Kurz nach dem Einräumen herrscht meist noch einigermaßen Ordnung, doch nach und nach häufen sich zusätzliche Gegenstände an, und es beginnt die Gefahr der „Vermüllung". Diese wird dann zum Problem, wenn die Raumenergie in ihrem freien Fluß behindert wird.
Bedenken Sie, daß jeder Gegenstand nicht nur durch seine physische Erscheinung eine Blockade darstellen kann, sondern auch Energieträger ist. Jedes herumliegende Buch, jeder Werbeprospekt, jeder Akt, alles ist Energie und sendet Schwingungen aus. Dem können Menschen mit Schlafproblemen Rechnung tragen, indem sie ihre Schlafzimmer von Büchern und anderen „Energieabstrahlern" befreien.
Eine Wirtschaftstreuhänderin in San Diego erlebte eine Phase wirtschaftlicher Schwierigkeiten. Ihren Mitarbeitern hatte sie bereits der Reihe nach kündigen müssen, nun war sie in ihren 160 Quadratmetern Büro allein. Bei der Beratung stellte ich fest, daß sämtliche Räume bis zur Decke mit Akten, leeren Kartons und anderen Dingen vollgestopft waren, sogar der Zugang zu ihrem Arbeitszimmer war nur mehr erschwert passierbar. Es war kein harmonischer Raumenergiefluß möglich. Zu allem Übel ging es auch noch gesundheitlich

bergab, sie war am Ende. Mein Tip: aufräumen, entrümpeln, wegwerfen! Anders konnte ich die Zielvorgabe nicht definieren. „Ermöglichen Sie einen ungehinderten Energiefluß, lassen Sie alle Dinge los, die Sie blockieren. Schaffen Sie endlich Platz für das Neue. Werfen Sie alles weg, was nicht absolut notwendig ist ...“

Bei Ihnen ist es nicht ganz so schlimm? Freuen Sie sich nicht zu früh. Wenn Ihre Situation auch bei weitem nicht so dramatisch sein mag, mit einem Zuviel an Gegenständen, gepaart mit Unordnung, sind Sie ebenfalls am besten Weg in Richtung Energiestau.

Setzen Sie sofort Gegenmaßnahmen, es gibt keinen besseren Zeitpunkt als jetzt! Solange alles gut läuft und „der Laden rennt“, sollten Sie aktiv werden.

Sorgen Sie regelmäßig für Ordnung, Struktur und Übersicht in Ihrem Umfeld. Vermeiden Sie die „Leiche im Keller“, und halten Sie auch die Abstellbereiche, Lager und Kellerräume in Schuß. Halten Sie vor allem auf dem Schreibtisch konsequent Ordnung – außer Sie bevorzugen, in Hinkunft an chronischer Arbeitsüberlastung zu leiden. Genau diese erzeugen Sie nämlich durch Ihre Unordnung.

Je chaotischer und unaufgeräumter Ihr Schreibtisch, um so schwerer fällt konzentriertes Arbeiten.

Besser heute als morgen

Ich brauche Ihnen wahrscheinlich nicht zu erzählen, wie lästig und störend die kleinen Pannen des Alltags wirken. Ich spreche von nichtfunktionierenden Hilfsmitteln und -geräten. Wozu hat man die verflixten Dinger gekauft, wenn sie just dann, wenn sie

Reparieren macht das Leben süss. Lassen Sie jedes Problem – und sei es noch so klein – immer sofort in Ordnung bringen.

benötigt werden, ihren Geist aufgeben. Ganz abgesehen vom Zeitverlust – warum machen diese Geräte immer dann Probleme, wenn man es am wenigsten brauchen kann: nach Dienstschluß am Abend vor einer wichtigen Präsentation.

Sie haben die Wahl: weiterärgern und den damit verbundenen Energieverlust einstecken (alles Kaputte symbolisiert Stagnation und verpaßte Möglichkeiten) oder durchgreifen. Die seit Wochen durchgebrannte Glühbirne, um die sich niemand kümmert, der immer wiederkehrende Netzwerkabsturz, die klemmende oder quietschende Sekretariatstür, der wackelnde Drehstuhl, der abgebrochene Schalter beim Kaffeeautomaten, der tropfende Wasserhahn und der verstopfte Abfluß – sie alle sind Faktoren, die anzeigen, daß im betroffenen Büroabschnitt der freie Chi-Fluß gestört ist. Bedenken Sie, daß das Büro ein großer lebendiger Körper ist, in dem alles miteinander verbunden ist.

Das atmende Büro

Das Büro der Zukunft wird völlig anders aussehen als die heutigen. Immer mehr Menschen werden zu „Büro-Nomaden" werden, immer mehr werden ihre Tätigkeit in mobilen, Satellitenbüros oder in Heimoffices ausführen. Flexibilität ist angesagt, immer mehr Aufgabenbereiche werden an Projektteams und Arbeitsgruppen vergeben werden, die sich nur für die eine spezielle Aufgabe zusammentun. Dies erfordert große Anpassungsfähigkeiten von Mensch und Material. Neben ständig besetzten Arbeitsplätzen und -räumen werden auch frei belegbare Wechselarbeitsplätze erforderlich. Diese müssen sowohl in Hinblick auf technische Infrastruktur als auch Ergonomie und räumliche Einteilung entsprechen.

Fix miteinander verbundene Arbeitsplätze sind out, was zählt, ist die individuelle Beweglichkeit. Durch Zusammenstellen mehrerer Tische sollte die Möglichkeit bestehen, neue Kombinationen für unterschiedliche Tätigkeiten zu schaffen. Anpassungsfähigkeit ist auch bei der Technik gefragt. Elektroinstallationen, Technikaufbauten und Kommunikationsgeräte müssen im Bedarfsfall schnell und einfach anbringbar sein. Der Computerbildschirm sollte auf einem externen Schwenkarm ruhen, dies entlastet die Tische und bringt ergonomische Vorteile. Die Tische sollten leicht genug sein, um sie einfach transportieren zu können.

Der Arbeitsplatz auf Rollen

Alle Zusatzmöbel, wie Schränke, Beistelltische, Regale oder Container, sollten rollbar sein. Übertriebene Beweglichkeit bietet für die Arbeitenden nicht nur Vorteile. Introvertierte Menschen werden sich als erste „überrollt" fühlen, alles, was bisher Struktur versprach, wird auf einmal über den Haufen geworfen. Dementsprechend wird einzelnen Details große Bedeutung beigemessen werden.

© Fleiner Objekt & Office

Farbige Möbel können bei richtiger Farbwahl gezielt auf die Bedürfnisse einzelner Mitarbeiter abgestimmt werden.

Selbst wenn alle Tischelemente die gleichen Größen und Formen haben werden, könnten sie farblich unterschiedlich gestaltet werden. Dasselbe gilt für Stühle, selbstverständlich in ergonomisch richtiger Ausführung. Eine Gefahr der Flexibilisierung ist die Entwurzelung der Mitarbeiter. Unterstützen Sie daher so oft wie möglich das Verändern des persönlichen Arbeitsbereiches.

Von großer Wichtigkeit ist die Verfügbarkeit beweglicher Stellwände in verschiedenen Höhen und Breiten. Durch die Veränderung ihrer Position kann gleichsam eine „Ersatztür" angebracht werden. Sie schaffen individuelle Powerspots (siehe Seite 58 ff.) und können gleichzeitig als Theken und Kommunikationselemente genutzt werden.

Niemand muß sich mit einer unbefriedigenden Situation zufriedengeben, denn schon mit wenigen Handgriffen läßt sich ein dem persönlichen Arbeitsverhalten angepaßtes Umfeld kreieren.

Energie will fliessen, Nutzgegenstände sollen daher hundertprozentig funktionieren.

Ein beweglicher Geist in einem beweglichen Körper

Die Wirbelsäule funktioniert nur, wenn ihre Segmente laufend bewegt werden. Mit den Muskeln verhält es sich ähnlich.

Im Büro Arbeitende leiden häufig an Bewegungsmangel. Bewegung ist Ausdruck von Lebens-, Funktionsfähigkeit und Vita-

lität. Ein unterforderter oder einseitig belasteter Organismus verkümmert. Die Folgen davon sind erhöhte Fehlzeiten durch Krankenstände und enorme Leistungseinbrüche. Konzentration, Ideenreichtum und Motivation leben von ausreichender Sauerstoff-(Chi)-Versorgung. Ein verspannter, unbeweglicher Körper hat einen verkrampften, unbeweglichen Geist zufolge. Arbeitsplätze, bei denen alles in Griffweite angelegt ist, sind auf Dauer gesehen jeder Spitzenleistung abkömmlich.
Sorgen Sie gezielt für Bewegung, und freuen Sie sich über jede Gelegenheit, vom Arbeitsplatz aufzustehen. Dies lockert auf und verhindert Verspannungen. Wer sich danach erneut zur Arbeit setzt, spürt, daß die Ideen wieder besser fließen. Bewegung ist einer der wichtigsten Faktoren für ein gutes Betriebsklima. Durch einen Mangel an Bewegung gehen wertvolle Verarbeitungsmöglichkeiten von Emotionen verloren, Konflikte sind vorprogrammiert. Menschen mit mangelnder Bewegung neigen dazu, „sich zurückzuziehen", weil es am „Aufeinanderzugehen" mangelt.
In diesem Zusammenhang ist die Beobachtung von Körperhaltung und Bewegungsabläufen interessant, diese sind indirekter Ausdruck des inneren Befindens. Ein „Gramgebeugter läßt sich hängen", und ein vom „Mobbing Gestreßter" hebt die Schultern vor Angst, Aggression oder Unterordnung. Solche Streßphänomene sollten nicht zum Dauerzustand werden. Schaffen Sie für sich und die anderen entsprechende Entspannungsmöglichkeiten.

Wenn Sie sich oft ausgelaugt fühlen, haben Sie mehr gegeben als empfangen. Da Energie fliessen will, sollten Sie sowohl geben als auch empfangen lernen.

Methoden für stressarmes Arbeiten

◁ Verleihen Sie dem Arbeitsraum durch Farben, Licht und Einrichtungsgegenstände eine harmonisch ausgewogene Grundschwingung. Sorgen Sie für gute Be- und Entlüftung, reduzieren Sie Lärmerzeuger, und erinnern Sie sich daran, daß in überheizten Räumen die geistige Leistungsfähigkeit pro Grad überhöhter Raumtemperatur um 4 bis 5 % sinkt.

◁ Der Sitzplatz sollte, wie bereits erwähnt, am Powerspot des Raumes stehen, mit bestmöglicher Übersicht über Türen und Fenster und generell so weit weg vom Eingang wie möglich.

◁ Bewegung gilt als Weichmacher der Muskeln. Beim Sitzen verkürzen sich die Muskeln. Die Folge sind vorzeitige Ermüdung und Streß. Verzichten Sie auf Liftfahren, benutzen Sie die Treppe.

◁ Je förderlicher das Betriebsklima, desto streßunempfindlicher werden Sie. Bei gegenseitigem Verständnis und Interesse füreinander kehrt eine freundlichere Stimmung ein. Initiieren Sie ein Forum, an dem Sie sich auch außerhalb der Dienstzeiten treffen und kennenlernen können.

◁ Geistiger Ausgleich kann durch Methoden wie Autogenes Training oder Progressive Muskelentspannung nach Jacobsen erzielt werden. Außerdem empfehle ich regelmäßige, kurze Phasen „schöpferischen Nichtstuns" (Bagua-Zone Wissen). Diese sind so wertvoll, daß sie im modernen Berufsalltag vorgeschrieben werden sollten. Keine Maschine kann permanent auf höchsten Touren laufen, die Yang-Phase des aktiven Tuns benötigt die ausgleichende Yin-Passivität.

Durch Zurückschrauben der äußeren Aktivität wird die innere Energie angeregt. Als Nebenprodukt solcher schöpferischer Pausen ergeben sich oft die kreativsten Ideen. Schaffen Sie Freiraum für eine Kreativitätspause durch ein verständnisvolles Umfeld und die Bereitschaft, sich gegenseitig von Telefonaten freizuhalten.

◁ Ergonomie am Arbeitsplatz scheint sich mittlerweile im Bewußtsein der Verantwortlichen durchzusetzen, doch viele der neu erlassenen Verordnungen sind auch aus der Sicht von Experten eher Ergonomie-Bremser.

SOFT FACTS AM ARBEITSPLATZ

Lassen Sie zwischenmenschliche Beziehungen nicht zu kurz kommen.

Der amerikanische Motivationslehrer Dale Carnegie stellte fest: „Sie können sich in zwei Monaten mehr Freunde schaffen, indem Sie sich ernstlich für andere Menschen interessieren, als in zwei Jahren mit dem Versuch, andere Menschen für sich zu interessieren." Je mehr Sie geben, um so mehr wird auch zu Ihnen zurückkommen. Das ist das **Gesetz von Geben und Empfangen**, wie in den Zonen Reichtum und Unterstützung.

Harvey Mackay definiert das folgendermaßen: „Man schafft sich einen Freund, indem man selbst einer ist." Je mehr Menschen Sie kennenlernen – aus den unterschiedlichsten Lebensbereichen und Berufen –, um so vielfältiger wird Ihr Beziehungsnetzwerk. Wenn diese Kontakte auf der Basis gegenseitiger Wertschätzung stehen und jeder bereit ist, sich für den anderen einzusetzen, so ist der Grundstein für eine fruchtbare und langanhaltende Beziehung gelegt.

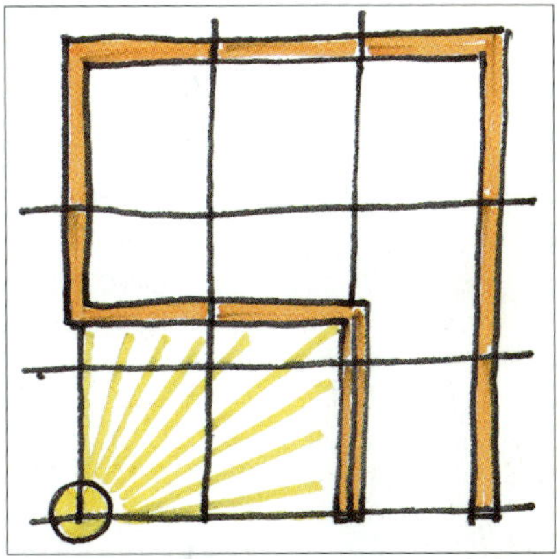

Der ausgleichende Gegenpol der Bagua-Zone Unterstützung ist Reichtum. Nur wenn Sie selbst bereit sind, zu geben und zu helfen, werden auch genügend hilfreiche Freunde Ihr Leben bereichern.

Herrscht ein Ungleichgewicht, kippt die Beziehung, wie sich im Bagua deutlich zeigt. Solche Menschen sollten sich der Themen Wert, Selbstwert, innerer und äußerer Reichtum annehmen. In der Reichtum-Zone oder im Abschnitt Unterstützung gibt es ein Defizit.

Informationsquelle Beziehungen

In manchen Betrieben herrscht ein ungezwungenerer Umgang miteinander als in anderen.

Dort kommt es erfahrungsgemäß seltener zu Mobbingfällen als anderswo. Ein Eliteunternehmen wie Microsoft verzichtet auf einengende Strukturen, wo immer es möglich ist. Die Mitarbeiter werden sogar angehalten, sich lieber kurz auf die Wiese zu legen als sich in ein Problem zu verbeißen. Die Arbeit nimmt einem sowieso niemand ab, aber nach einer kreativen Pause geht alles besser von der Hand.

Die Überschrift eines kürzlich in **Die Welt** (Hamburg, 7.2.1998, Seite G10) erschienenen Artikels spricht für sich: Firmentratsch ersetzt teure Fortbildung! Und weiter:

„Daß sich die Mitarbeiter nur allzu gern in der Firmenkantine zum Plausch trafen, war den Managern der Siemens-Niederlassung in Wendell (North Carolina) lange Zeit ein Dorn im Auge. Immer wieder suchten Sie nach Wegen, dieses scheinbar unproduktive Tratschen zu verhindern – bis die Firma nun an einer 1,6 Millionen Dollar teuren Studie teilnahm … Bei der Studie kam heraus, daß die scheinbar beiläufigen Gespräche auf dem Flur, in der Kantine oder über den Schreibtisch hinweg keineswegs nutz- und wertlose Zeitverschwendung sind: Etwa 70 % des Wissens, das Mitarbeiter über ihre Firma und ihren Job haben, erfahren sie durch Austausch mit Kollegen. Dies ist um so beeindruckender, als amerikanische Unternehmen jährlich etwa 30 bis 50 Milliarden Dollar in Fortbildungsseminare und andere institutionalisierte Ausbildungsformen investieren und noch einmal etwa 70 Milliarden Dollar für den dabei entstehenden Arbeitsausfall kalkulieren müssen. Kollegiale Gespräche sind mehr als doppelt so erfolgreich – und sie kosten kaum etwas …

Ob nun ein älterer Mitarbeiter einen jungen Kollegen unter seine Fittiche nimmt und ihn in die Gepflogenheiten der Firma einweist oder Kollegen in der Kaffeeküche scheinbar beiläufig ihre kleinen Alltagssorgen austauschen (und sich vielleicht gegenseitig Rat geben können), ob in Teamarbeit oder beim Kontakt mit dem Kunden – Mitarbeiter sammeln Wissen nahezu auf allen Ebenen ihres Arbeitsplatzes. … Als Reaktion auf die Studie wurden die Pausenräume nun mit stets griffbereiten Notizblöcken und sogar mit Overhead-Projektoren ausgestattet, um spontane ‚Fortbildungskurse' unter Kollegen zu erleichtern."

Wieviel Zeit haben Sie sich heute schon für Kreatives und Neues genommen?

Unterstützen Sie sowohl Kommunikation als auch Gemeinsamkeit und Teamerlebnisse, und machen Sie es jenem österreichischen Unternehmer aus der Brandschutzbranche nach, der in seinem Bürotrakt unter anderem eine Musicbox, eine Dartscheibe, Sofas und kleine barähnliche Tresen installiert hat, die immer ausreichend mit Getränken bestückt sind.

Der Erfolg gibt dem jungen Unternehmer recht – Innovation, wenige Krankenstände und wirklich beeindruckende Betriebsergebnisse. Ein gelungenes Beispiel der Kombination aus Produktivität und Menschlichkeit.

Lachen als Erfolgsgeheimnis

Einer neuen Studie der State University of New York zufolge zählt Lachen zu den wichtigsten Faktoren für Gesundheit. Die Untersuchung stellte fest, daß heitere Erfahrungen die Immunabwehr für drei Tage erhöhen. Umgekehrt setzen negative Erlebnisse die Immunabwehr für einen Tag herab. Daraus folgt, daß angenehme Erfahrungen größeren Einfluß auf Immunabwehr und Stimmung haben als negative. Belastende Streßauswirkungen lassen sich durch positive Erfahrungen aufwiegen.

Die Mechanismen, nach denen wir Menschen funktionieren, scheinen einfacher zu sein, als wir denken. Der Betriebsberater einer großen Krankenkasse berichtet: „Oftmals komme ich in neue, moderne Fabrikshallen, in denen es ergonomisch an nichts mangelt. Dennoch liegen die Krankenstände bei annähernd 10 %. Umgekehrt gibt es Betriebe, in denen es laut ist, Durchzug herrscht und sehr schwer gearbeitet werden muß, und trotzdem liegen die Krankenstände nur bei 3 bis 4 %.“ (Dokumentation Kongreß Bürodynamik '97, Seite 82)

Krankenstände sind stets das Ergebnis zahlreicher Ursachen, die wichtigste scheint Motivation zu sein. Das beweist folgendes Beispiel: „Im Sommer 1997 haben 30.000 Bundeswehrsoldaten geholfen, weite Teile Brandenburgs vor Überschwemmungen zu retten. Sie haben zwölf Stunden gearbeitet, waren vom Hochwasser bedroht, schufteten unter brütender Sonne, hatten über sich lärmende Hubschrauber, mußten schwere Sandsäcke von Hand transportieren und wurden gleichzeitig von Mückenschwärmen heimgesucht. Der Kommandeur meldete nach dem erfolgreichen Einsatz seiner Soldaten für die gesamten sechs Wochen: Krankenstand NULL!“ (Dokumentation Kongreß Bürodynamik '97, Seite 83)

Positives Feng-Shui-Denken

Ganz gleich wie schwierig eine Raumsituation oder eine berufliche Konstellation auch sein mag – die Philosophie des Feng Shui versucht, aus allem das Optimum herauszuholen. Auch wenn dieses Ziel in vielen Fällen nicht ganz erreicht werden kann, geht es um etwas ganz anderes, nämlich um das Erkennen verborgener Kräfte und die Bereitschaft, kontinuierlich weiterzulernen.

Wer Neues wagt, wird Fehler machen, das liegt in der Natur der Sache. Alles, was wir heute anpacken, könnte schon morgen anders und vielleicht besser ausgeführt werden. Leider werden in unserer Gesellschaft jene Menschen, die bereit sind, Altes loszulassen und Neues zu wagen, immer noch nicht ausreichend gewürdigt.

In der Natur ist alles in ständiger Veränderung, niemals völlig ausgereift. Die Bereitschaft zur Weiterentwicklung ist daher ein

Das Glück kommt zu denen, die lachen.

japanisches Sprichwort

„biologisches Muß" für Erfolg in Beruf und persönlichem Leben. **Jeden Tag ein wenig besser** – das ist das Motto von Feng-Shui-Anwendern. Sie verändern mit dieser Lebenshaltung nicht nur sich selbst, sondern auch ihr Umfeld und ein klein wenig die Welt. Ich wünsche mir, daß auch Sie Feng Shui als das wunderbare Werkzeug erkennen und anwenden, das auf lebendige und persönliche Art Ihr Leben von heute an begleiten und bereichern wird.

Ihr

7

ANHANG

Danksagungen

Mein ganz spezieller Dank gilt dem gesamten Team des Signum Verlages, insbesondere den Herren Großmann und Kapaun, die dieses ausgefallene Projekt ermöglicht haben, Natascha Fial, Sibylle Sillaber und Birgit Gruber für den außerordentlichen Einsatz bei Planung und Umsetzung, sowie Sylvia Fullmann für die intensiven Marketing-Aktivitäten; Helmut Weyh für kreative Ideen, Fotos, Vorwort und Textbeitrag; Petra Spiola für die professionellen Fotosessions; W.M. Pühringer für seine aussagestarken Grafiken; Herrn Cramer, Firma RCM Design, für die Zurverfügungstellung von Projektplänen und Informationen; weiters den Firmen Bene, Magna, Denkstein, Noodles & Co., Hali Büromöbel, Stiefelkönig und Hugo Boss für die Erlaubnis für Fotoaufnahmen.
Danken möchte ich auch all jenen Menschen in meinem näheren und weiteren Umfeld, deren Geduld und Unterstützung dieses Buch erst in dieser Qualität ermöglichten.

Der Autor

Günther Sator ist der erste europäische Experte, der Feng Shui an unsere westliche Kultur anpaßte und zu einem modernen Selbsthilfe-Werkzeug formte. Heute ist er einer der führenden westlichen Berater für Banken, Gewerbebetriebe und Privatkunden. Er ist Begründer der Feng Shui Academy und Autor mehrerer Feng-Shui-Bestseller.

Günther Sator, Management-Trainer und Feng-Shui-Berater

Adressen

Beratungen und Vorträge mit dem Autor sowie Bezugsadresse für Feng-Shui-Hilfsmittel:

Feng Shui Academy, Günther Sator,
Seepark 1, Atterseestraße 4,
A-5310 Mondsee
Tel.: +43/6232/48 1 30
Fax: +43/6232/48 1 36
Internet: http://www.fengshui.co.at
E-Mail: fengshui@EUnet.at

In Linz wird derzeit ein Institut für Harmonikale Bauplanungen errichtet.
Kontakt: Prof. Fritz Goffitzer
Tel.: +43/732/73 41 57

WEITERFÜHRENDE LITERATUR

Braem, Harald: Die Macht der Farben, 3. Auflage. München: Langen Müller/Herbig 1998.

Canfried, Jack; Miller, Jacqueline: Geben wir der Arbeit Herz und Seele zurück. Betrachtungen zur Sinnfrage der Arbeit und zur Stärkung des Selbstwertgefühls. Wien: Ueberreuter 1997.

Dokumentation Kongreß Bürodynamik '97 - Gesundheit - Kommunikation - Vision, erhältlich bei MENSCH & BÜRO-Akademie, Lange Str. 94, D-76530 Baden-Baden.

Geffroy, Edgar K.: Abschied vom Verkaufen. Wie Kunden endlich wieder von alleine den Weg zu Ihnen finden, 5. Auflage. Frankfurt/Main: Campus 1997.

Geffroy, Edgar K.: Das einzige, was stört, ist der Kunde: Clienting ersetzt Marketing und revolutioniert Verkaufen, 10. Auflage. Landsberg/Lech: moderne industrie 1997.

Giarini, Orio; Liedtke, Patrick M.: Wie wir arbeiten werden. Der neue Bericht an den Club of Rome. Hamburg: Hoffmann und Campe 1998.

Goleman, Daniel; Kaufmann, Paul; Ray, Michael: Kreativität entdecken. München, Wien: Carl Hanser 1997.

Jones, Laurie Beth: Jesus Christus, Manager. Biblische Weisheiten für visionäres Management, 2. Auflage. Wien: Signum 1997.

Jordan, Harald: Räume der Kraft schaffen. Der westliche Weg ganzheitlichen Wohnens und Bauens. Freiburg im Breisgau: Hermann Bauer 1997.

Kawasaki, Guy: Die Kunst, die Konkurrenz zum Wahnsinn zu treiben, 3. Auflage. Wien: Signum 1997.

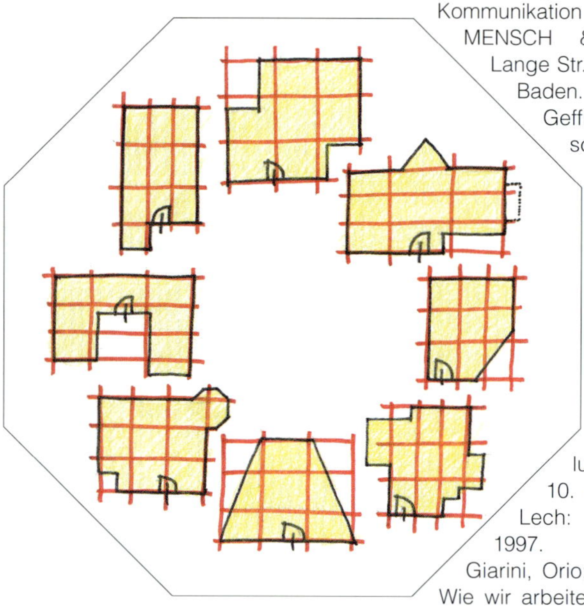

Auflösung Bagua-Übung von Seite 41.

Kössner, Brigitte: Kunstsponsoring. Neue Initiativen der Wirtschaft für die Kunst. Wien: Signum 1995.

Mackay, Harvey: Networking. Das Buch über die Kunst, Beziehungen aufzubauen und zu nutzen. Düsseldorf, München: Econ 1997.

Lynch, Dudley; Kordis, Paul: DelphinStrategien: Management-Strategien in chaotischen Systemen, 2. Auflage. Fulda: Paidia Verlag1992.

Mandel, Peter; Henneges, Birgit: Die Therapie mit Licht und Klang. Esogetik – Ursprache des Lebens. München: Knaur 1997.

Meyer, Hermann; Sator, Günther: Besser leben mit Feng Shui. Wohnen und Arbeiten in Harmonie, 2. Auflage. München: Irisiana 1997.

Mikunda, Christian: Der verbotene Ort oder Die inszenierte Verführung: unwiderstehliches Marketing durch strategische Dramaturgie. Düsseldorf: Econ 1996.

Sator, Günther: Feng Shui. Die Kraft der Wohnung entdecken und nutzen. München: Gräfe & Unzer 1998.

Sator, Günther: Feng Shui für jeden Garten. München: Gräfe & Unzer 1998.

Sievers, Knut: Elektrosmog – die unsichtbare Gefahr. Erkennen, bekämpfen, vermeiden zu Hause und im Büro. München: Langen Müller 1997.

Sprenger, Reinhard K.: Mythos Motivation: Wege aus einer Sackgasse, 14. Auflage. Frankfurt/Main: Campus 1998.

Thompson, Angel: Feng Shui in der Praxis. Die kosmische Kunst der Anordnung von Wohn- und Arbeitsräumen. Wettswil: Edition Astroterra 1997.

Tisserand, Robert B.: Aromatherapie. Heilung durch Duftstoffe, 3. Auflage. Freiburg im Breisgau 1987.

Tompkins, Peter; Bird, Christopher: Das geheime Leben der Pflanzen. Pflanzen als Lebewesen, 112.-118. Tausend. Frankfurt/Main: Fischer 1987.

Wilhelm, Richard: I Ging. Das Buch der Wandlungen, 20. Auflage. München: Diederichs 1992.

Wolverton, B. C.: Gesünder leben mit Zimmerpflanzen. Die wichtigsten Pflanzen zur Beseitigung von Raumgiften in Wohnräumen und Büros. Köln: VGS-Verlag 1997.

Glossar

Bagua: Achteckiger Raster zum Analysieren von Grundrissen. Es bezieht sich auf die vier Haupt- und die vier Neben-Himmelsrichtungen und leitet sich aus dem I Ging ab.

Chi: Lebenskraft oder Vitalenergie des Universums. Alles, was uns umgibt, sichtbar wie unsichtbar, ist Ausdruck von Chi. Es gibt viele Möglichkeiten, Chi in chinesischen Schriftzeichen auszudrücken, eine davon finden Sie auf den meisten Seitenrändern in diesem Buch.

Elemente: Die Fünf Elemente Holz, Feuer, Erde, Metall und Wasser geben Hinweise darauf, wie die Dinge energetisch zusammenhängen.

Feng Shui: Wörtlich Wind und Wasser, das chinesische System zum Harmonisieren der Energiemuster der physischen Umgebung.

I Ging: Das I Ging oder chinesisches „Buch des Wissens" ist eines der wichtigsten Bücher der Weltliteratur. Es beschreibt in der unterschiedlichen Anordnung offener (Yin-) und geschlossener (Yang-)Linien die Grundbausteine unseres Universums. Aus den acht Trigrammen (drei Linien) ergeben sich kombiniert die 64 Hexagramme. Das I Ging wird auch als aussagekräftiges Orakel verwendet.

Kua-Zahl: Seite des Bagua (auch Pa Kua). Die persönliche Kua-Zahl gibt Auskunft über richtungsbezogene Stärken und Schwächen.

Sha-Chi: Destruktive Energie, hervorgerufen durch einseitige „Kanalisierung"des Chi oder durch spitze, scharfkantige Strukturen.

Yang: Der aktive, bewegtere und wärmere Aspekt der sich ergänzenden gegenteiligen Kraftimpulse.

Yin: Der passive, empfangende und reflektierende Aspekt der sich ergänzenden gegenteiligen Kraftimpulse.

Index

A

Abstellbereiche 124, 143
Acht Trigramme 24 f
Amethyste 57, 70
Anthrazit 47
Aufzüge 96

B

Backstein 69
Bagua 22, 25 f, 32, 39, 40, 42, 44 f, 64, 124, 147
Bagua-Aspekt 40, 43
Bagua-Felder 25 f, 42
Bagua-Raster 24 f
Bagua-Spiegel 121
Bagua-Zone 25 f, 30 f, 42 ff, 66
Balken 87
Berg(e) 18 f, 25, 29, 37, 110
Bergkristalle 57, 70
Berufs-Bagua 26
Bewegte Objekte 58, 117, 128
Bilder 54
Biologische Luftfilter 106
Blau(töne) 27, 48 f, 97 f, 103 ff, 112, 139
Bodenbelag 121
Bodengestaltung 117
Braun 29, 37, 69, 97, 104

C

Carnegie, Dale 147
Chi 15, 27, 33, 35 f, 38, 46, 60, 62, 82, 96, 119 ff, 124 f, 129, 146
Chi-Fluß/-Strom 57, 82, 84 f, 97, 120, 130 f, 144
Chi-Verlust 87

D

Dachschrägen 87
DNS-Spirale 33, 53, 84 f
Donner 25, 30
Drache 18, 95
Düfte 57

E

Ecken 62, 83, 89
Eingang/Eingänge 24, 42, 64, 83, 117 ff, 123, 129 f
Eingangsbereich 27, 117, 121 ff, 125
Eingangstür 83 f, 117
Einsatz(bereiche) des Bagua 43 f
Element Wasser 68

Element des Ostens 48
Element Erde 68, 111
Element Feuer 69, 112
Element Holz 105, 112
Element Wasser 68, 98, 112
Element(e) 49 f, 69, 113
Elemente-Energie 108
Elemente-Zyklus 142
Empfang(sbereich) 122 f
Energetisch/Energetisierung 13, 33, 55, 121
Energie(n) 14, 24, 25, 27, 28, 31, 32, 49, 53, 69, 82 f, 85, 99, 111, 119, 121, 123, 142
Energie des Wassers 26
Energiefeld 49, 56, 62, 65, 71, 83, 100, 118 f, 143
Energiefluß/flüsse 15, 22, 47, 117
Energieniveau 118
Energiestau 143
Energieströme 24
Energieverlust 57, 61, 84, 120, 144
Erde 25, 28 f, 49, 70, 109, 112, 139, 141
Erd-Element 37, 69, 110
Erd-Energie 110, 140
Erdfarben 139 f
Erd-Hilfsmittel 86
Erdobjekte 36
Erdtöne 29, 33
F
Fahnen 44, 58
Farbe(n) 16 f, 27, 31 ff, 36 f, 39, 47 ff, 54 f, 57, 69 f, 88, 96, 98, 103, 112, 117, 119, 122, 125, 127 f, 130, 139 ff, 146
Farben-Feng-Shui 103 ff
Fehlbereiche 43 ff, 124
Fehlzone(n) 45, 50
Feng Shui 15 ff, 22, 46, 50, 52, 57, 109, 120, 123, 149 f,
Feng-Shui-Hilfsmittel 46, 90
Feng-Shui-Denken 149
Feng-Shui-Element 112
Feng-Shui-Instrumente 27
Feng-Shui-Kriterien 102
Feng-Shui-Maße 100 f
Feng-Shui-Merksätze 95, 118
Feng-Shui-Motto 65
Feng-Shui-Tischhöhe 101
Feng-Shui-Werkzeug(e) 47, 53
Fenster 52 f, 85 ff, 97 ff, 102, 106, 121
Feuer 25, 38, 49, 109, 139 f
Feuer-Element 69, 111
Feuer-Energie 109, 139
Feuerobjekte 69
Feuertische 69
Feuerzeug(e) 29, 69
Flaggen 117
Förderliche Dimensionen 100
Förderliches Maß 101
Freie Energiezirkulation 15
Fu Wei 79
Fünf Elemente 30, 48, 109, 112 f, 127
Fünf Wandlungen 109
Fünf-Elemente-Lehre 68
Fünf-Elemente-Zyklus 109, 112, 127
50-%-Regel 40
G
Ganzheitliche Methode 15
Gardinen 47, 86, 97, 112, 128
Gebäudeform(en) 13, 110
Geffroy, Edgar K. 135
Gelb(töne) 29, 37, 47 f, 69, 97, 103, 105
Geomantie 12 f
Gesetz von Geben und Empfangen 147
Gesetz von Ursache und Wirkung 32, 35
Glas 68, 95 f, 98
Glasobjekt 68
Goldene Regel des Feng Shui 18
Goldener Schnitt 99
Grau 47, 97 f, 140
Großraumbüro 94 ff
Grün 48 f, 69, 104 f, 112, 140 f
Grundriß(form) 24 f, 39, 40, 44, 53, 106
H
Hauptelement 112
Hauseingang 122
Hilfreiche Erweiterung 43
Himmel 25, 34
Himmelsrichtung(en) 48, 71
Holz 48 f, 68, 103, 109, 139
Holz-Element 38, 48, 69
Holz-Energie 109, 139, 141
Holzformen 111
Holztisch 68
I
I Ging 25, 28, 30, 32, 34

J
Jacobsen 146
K
Kante(n) 50, 57, 62, 65, 89, 95, 109, 119
Karriere 23, 25 ff, 70
Karriere-Bereich 27 f
Karriere-Feld 28, 38, 43
Karriere-Zone 22, 27
Keramik 29, 33, 35, 69, 139, 141
Kerzen 29, 69, 139 f
Klangspiel(e) 27, 60, 84, 86, 90, 98, 120
Komplementärfarben 103
Kreativität 23, 25 f, 35 ff, 49, 70, 95, 117, 127
Kreativität-Zone 36 f
Kreis 25
Kristalle 29, 34, 38, 57, 66, 69
Kua-Richtung 28, 30 ff, 35 f, 38 f, 71, 73 ff
Kunst 54
L
Lachen 124, 149
Lampen 37 f, 98, 120, 140
Landschaftsform 17
Lärm 15, 98, 124
Lebensgruppe „Ost“ 71
Lebensgruppe „West“ 71
Licht 46 f, 50, 86, 96 ff, 117, 122 f, 126, 146
Lift 83, 124
M
Mackay, Harvey 138, 147
Mandala 127
Mangel eines Elements 113
Marmor 68 f, 140
Marmortische 70
Meer 112
Metall 27, 49, 70, 78, 109
Metall-Energie 70, 110, 139 f
Metallene Objekte/Metallobjekte 27, 34, 36, 70, 139
Metall-Farben 140
Metallgegenstände 140
Metallische Formen 111
Mobbing/-fälle 16, 148
Mobbing-Opfer 91
Möbelanordnung 49, 124
Mobiles 58, 84, 98, 117, 121
Mund/Münder 24 f, 58, 117 f
Münze(n) 27, 70
Musik 52, 104, 124, 128
N
Naturgesetze 14
Nien Yen 79
Norden 18, 49, 78
Nordosten 78
Nordwesten 78
O
Ocker 29, 37
Östliche Orientierung 78
Östlicher Typ 71
Offene Kamine 29
Optimale Standortwahl 13
Orange 29, 37, 47 f, 70, 97, 105
Ordnung 142 f
Ost(en) 18, 48 f, 78
P
Partner-Ecke 29, 43, 45
Partnerschaft 23, 25, 28 ff, 70
Partnerschaft-Bereich 29, 45
Partnerschaft-Ecke 45
Partnerschaft-Zone 28
Persönliche Kraftrichtungen 17
Pflanze(n) 44, 48, 53, 65, 89, 93, 95 f, 105 f, 112, 117, 121, 123, 128, 139 ff
Phönix(-Aspekt) 18, 95
Plexiglas 68, 96
Porzellan 29, 35
Powerspot(s) 49, 58 ff, 71, 91, 145 f
Q
Quadrat(form) 25, 44
R
Raumenergie(fluß) 46, 88, 127, 142, 145
Raumteiler 95, 120
Raumteilungssysteme 56, 91
Rechteck(form) 25, 43 f, 65
Regenbogenfarben 98
Regenbogenkristall(e) 57, 84, 90, 98, 121
Reichtum 23, 25, 31 f, 43, 70, 129
Reichtum-Ecke 43
Reichtum-Zone 32, 84, 147
Rosa 29, 97, 105
Rosenquarze 57, 70
Rot 29, 37 f, 47 ff, 97, 103 ff, 139 f

Ruhm 23, 25, 38, 70
Ruhm-Energie 39
Ruhm-Zone 38
Runen 13, 121
S
Sand 141
Säule(n) 90, 112, 118 f
Schildkröte 18, 90 f
Schneidendes Chi 89, 118
Schreibtisch(e) 14 f, 22, 29, 39, 43, 50, 53, 61, 63, 65, 70 f, 78, 89, 92, 94, 101 f
Schreibtisch-Bagua 64 f
Schreibtisch-Feng-Shui 60
Schwarz 27, 48 f, 97 f, 112, 139
Schwingung 52, 54, 69, 99, 100 f, 110 f, 142, 146
See 18, 25, 35, 141
Sha-Chi 84, 122
Sha-Energie 50, 118
Sha-Quellen 89
Sheng Chi 79
Silber 27, 36, 70, 140
Spiegel 16, 38, 45, 47, 50 f, 60, 85, 124, 126, 128, 141
Stabilität 49, 55, 68 f, 86, 91
Stagnation 42, 47, 144
Standort 18 f, 108, 112, 124 f
Stau- und Abstellzone 42
Staubereiche 124
Stein(e) 29, 33, 57, 69, 86, 118, 139
Steintische 70
Streßfaktor(en) 89, 92
Stuhlbezug 48, 95
Süden 49, 78
Südosten 78
Südwesten 78
T
Tai Chi 23, 25
Teppich(e) 48, 50, 52, 89, 102, 121, 123
Terracotta 33, 35, 86, 139, 141
Tien Yi 79
Tiger 18, 95
Tischformen 65 f
Tischmaterialien 68
Ton 33, 141
Traditionelle Chinesische Medizin (TCM) 32
Trennwand/Trennwände 93, 95
Treppe 96, 120, 123, 146
Trigramm 28
Tür 52 f, 84 f, 87, 99, 102, 118 ff, 123
Türkis 31, 103
U
Überschuß eines Elements 113
Unordnung 30, 65, 68, 88, 143
Unterstützung 23, 25 f, 34 f, 70, 102, 129, 147
Unterstützung-Ecke 34
V
Ventilatoren 58, 98, 117
Vermüllung 94, 142
Violett 104 f
Vorgesetzte 22 f, 25, 30 f, 70
Vorgesetzte-Zone 30 f
Vorhang/Vorhänge 48, 98
W
Wandlungs-Zyklus 113
Wasser 19, 25, 27, 32, 35, 44, 46, 48 ff, 68, 70, 100, 109, 123, 139 ff
Wasser-Element(e) 27, 109, 111 f, 139
Wasser-Energie 27, 110, 128
Wasserobjekt(e) 27, 46, 120, 128, 140
Weiß 27, 36, 49, 70, 139 f
West(en) 16, 18, 49, 78
Westliche Orientierung 78
Westlicher Typ 71
Weyh, Helmut 9, 36
Wind 25, 32, 36, 55
Wissen 23, 25, 36 ff, 70, 147
Wissen-Eck(e) 22, 37
Wissen-Zone 36 f
Y
Yang 17 f, 47 f, 97
Yang-Energie(n) 17, 29, 34, 98
Yang-Kraft 46
Yang-Phase 147
Yang-Wasser 141
Yin 17 f, 29, 47 f, 97 f, 147
Yin-Energie(n) 17, 34, 48
Yin-Wasser 141
Yin-Yang-Ungleichgewicht 18
Z
Zentrum 32 f, 49, 70
Zimmerbrunnen 48, 71
Zimmerpflanzen 71, 86